HISTOIRE
DE L'ALGÉRIE
JUSQU'A NOS JOURS

Temps primitifs, Carthaginois, Romains, Vandales, Arabes, Turcs, Conquête.

GÉOGRAPHIE.

DESCRIPTION, POPULATION, PRODUITS, ADMINISTATION

4me ÉDITION, PUBLIÉE

par Ad. Rion

fondateur de la collection des *Bons Livres* à 10 c.

PARIS, DÉPARTEMENTS
CHEZ TOUS LES LIBRAIRES

Ils sont priés de s'adresser à leurs *Commissionnaires*, ou aux maisons
HACHETTE, SCHULZ, ALLOUARD, VERNAY,
MANGINOT, GUÉRIN, MADRE, BROUILLET, GAULON, GOIN, CLAVERIE

Bons Livres
N° 71

PROSPECTUS

Les Bons Livres sont ceux qui peuvent entrer dans les familles et être lus par tout le monde. Aussi croyons-nous avoir le droit de recommander d'une façon particulière notre collection à l'attention des parents et des instituteurs désireux de donner aux enfants les connaissances les plus variées et les plus indispensables.

Il suffit de nos Bons Livres non-seulement pour apprendre à lire, à écrire, à compter correctement, mais encore pour étudier la grammaire, l'histoire, la géographie, la tenue des livres, l'histoire naturelle, la musique, l'algèbre, la chimie, la physique, la géométrie, la mécanique, l'arpentage, le dessin, l'agriculture, le jardinage, etc., et pour acquérir des notions assez étendues sur d'autres branches de l'enseignement général.

Notre collection a un complément nécessaire, qui consiste en lectures instructives et attrayantes, tirées des ouvrages de nos meilleurs écrivains. (*Voir* le Catalogue pour les titres et les numéros d'ordre de chacun de ces ouvrages.)

Dans les Cent Bons Livres que nous publions, on trouve à la fois l'utile et l'agréable, ce qui peut charmer et orner l'esprit, ce qui peut amuser et instruire. Le succès immense de notre collection s'explique donc facilement ; il est unique en librairie, et il importe que les Bons Livres pénètrent chaque jour davantage dans les plus petites localités de la France.

Les personnes des départements qui voudront se procurer la collection, pourront s'adresser directement à notre librairie, en accompagnant leur demande d'un bon de DIX FRANCS sur la poste. Les cent ouvrages leur seront immédiatement expédiés *franco*.

L'ÉDITEUR.

L'ALGÉRIE

PREMIÈRE PARTIE

HISTOIRE

I. — Temps primitifs.

Jusqu'à l'époque de la conquête française, l'histoire de l'Algérie est intimement liée à celle des contrées qui forment la partie S. O. du littoral de la Méditerranée, depuis les golfes de Gabès et de la Sydre jusqu'à l'Océan Atlantique.

L'Afrique, que les Grecs nommaient *Libye*, était partagée en deux parties, la *Libye intérieure* située au S. de l'Atlas et la *Libye* extérieure sur les bords de la Méditerranée.

Cette dernière avait pour habitants des peuples confondus sous le nom de LIBYENS, parmi lesquels on distinguait les *Gétules* qui occupaient le territoire appelé de nos jours Régence de Tunis.

La vie errante de ces peuplades leur fit donner par les Grecs le nom de *Numides* ou Nomades.

Les historiens parlent d'invasions dans le nord de l'Afrique, et conduites soit par les descendants d'Hercule, soit par des chefs arabes ou syriens. Ces récits, qu'il nous est impossible de contrôler, doivent être mis en partie au rang des contes fabuleux dont l'antiquité se plaisait à envelopper l'histoire à sa naissance.

Seuls, les Phéniciens (peuple navigateur de la côte de Syrie) créèrent sur le littoral africain des établissements sérieux :

300 ans après la prise de Troie (860 av. J.-C.), *Didon*, princesse de Tyr, pour se soustraire aux cruautés de son frère Pygmalion, vint, fonder au fond du petit golfe, où s'élève aujourd'hui Tunis, cette superbe *Carthage* qui précédait d'un siècle à peine la naissance de Rome, sa future rivale.

II. — Période carthaginoise

(De 860 à 146 av. J.-C.)

Le génie commercial et civilisateur qui avait suivi les Phéniciens valut à leur colonie de rapides progrès. Maîtres de la mer (malgré la rivalité de l'Égypte régénérée en 650 par Psamméticus), les Carthaginois trafiquaient avec les peuples barbares, pour lesquels les plus vils produits de l'industrie phénicienne étaient des merveilles. De l'Égypte, ils tiraient le lin, le papier, le blé; les voiles et les câbles pour les vaisseaux; des côtes de la mer Rouge, les épices, l'encens, les parfums, l'or, les pierres précieuses; de Tyr et de la Phénicie, la pourpre, l'écarlate, les riches étoffes, les meubles somptueux, les tapisseries et tous les ouvrages d'un travail recherché. — Le fer, l'étain, le plomb, le cuivre, venaient de la Grande-Bretagne (Angleterre), de la Numidie, de la Mauritanie et de l'Espagne.

La puissance militaire des Carthaginois se bornait à la possession des côtes : les Numides conservaient l'intérieur du pays et fournissaient des soldats mercenaires à cette cité marchande, mais peu belliqueuse.

Les trois siècles qui suivirent la fondation de Carthage n'offrent à l'histoire que la constitution de son gouvernement oligarchique, composé de deux *suffètes*, magistrats suprêmes issus du *suffrage universel*, et nommés pour deux ans ; d'un *sénat* choisi avec soin parmi les meilleurs citoyens, et de *l'assemblée* du peuple.

Par besoin de développement et pour se défendre contre les incursions des tribus vagabondes et barbares qui l'entouraient, Carthage subjugua les naturels du pays, et ses colons, mêlés aux indigènes, habituèrent ceux-ci à cultiver le sol et à rester en place. — Les différentes peuplades Numides devinrent tour à tour ses tributaires, et le territoire carthaginois comprit, en partant des *Autels des Philènes* tout l'intervalle compris entre les deux *Syrtes* (aujourd'hui golfe de la *Sidre* et de *Gabès*). Des *Syrtes* partaient les caravanes des *Lotophages* et des *Nasamons*.

Dès lors se manifeste la tendance de Carthage à s'établir dans les îles et à les soumettre.

En 535, la *Corse* tombe en leur pouvoir malgré la résistance de la flotte phocéenne, qui, vaincue par Cyrus, s'y était réfugiée, et, tandis que la *Perse* naissante recherche leur amitié, *Rome*, qui a chassé ses rois, signe avec eux un traité d'alliance.

En 541, *Malée* subjugue la *Sicile* et les Carthaginois explorent les côtes méridionales de l'Espagne d'où ils tirent de l'or et de l'argent.

En 702 av. J.-C., un descendant de l'illustre famille des *Magon* avait conquis les *Baléares* et fondé dans Minorque un port qui garde encore son nom, *Port-Mahon* (Portus-Magonis).

Déjà en 500, leur célèbre navigateur Hannon

pousse ses découvertes au delà des colonnes d'Hercule, et touche aux côtes de *Guinée*; à la même époque, son émule Hamilcar remonte l'Océan, explore les îles *Britanniques*, et aborde à *Thulé* (îles Shetland).

Les historiens anciens racontent que, dans leurs courses aventureuses, leurs marins aperçurent, au milieu de l'Atlantique, une *île prodigieuse* : ce qui ferait croire que, deux mille ans avant Christophe Colomb, les anciens avaient déjà connaissance de l'*Amérique*.

La Sicile opposa une vive résistance à la conquête carthaginoise; plusieurs fois elle repoussa, vainquit et massacra les armées de ses envahisseurs.

La possession de cette île mit aux prises Rome et Carthage pendant cinquante ans. Les détails de ces *guerres* connues sous le nom de *Guerres puniques* appartiennent à l'histoire romaine.

La première guerre punique commence en 264 et se termine en 241, en enlevant la Sicile à Carthage. — La deuxième dure 17 ans (202-219), et, malgré le courage et l'habileté du célèbre *Annibal*, qui mit Rome à deux doigts de sa perte, enlève l'Espagne à Carthage.

La terrible révolte des *Mercenaires* (241-238), conduite par l'Italien Spendius et l'Africain Mathos met Carthage à deux doigts de sa perte et prépare la ruine de cette puissante république.

Rome a laissé en Afrique, *Massinissa*, roi des Numides, qui ne cesse d'empiéter sur le territoire des Carthaginois.

Ceux-ci lui déclarent la guerre : les Romains interviennent alors et profitent de cette occasion pour renouveler la lutte et anéantir leur ennemi.

Les Carthaginois, malgré une lutte héroïque,

voient leur ville incendiée et rasée par le consul
romain Scipion-Emilien.

Après sept siècles et demi de prospérité, après
trois ans d'une héroïque résistance, cette antique
métropole de l'Afrique tomba la même année où les
Romains, par la destruction de Corinthe, ache-
vaient l'asservissement de la Grèce. (146 av. J.-C.)

Gouvernement, mœurs et religion des Carthaginois.
— Les Romains, vainqueurs de Carthage, apportèrent à l'anéantissement de leurs rivaux une telle
ardeur qu'à peine aujourd'hui reste-t-il quelques
traces de cet État si puissant.

Le gouvernement avait à sa tête les *deux suffètes*
et le *Sénat.* Un conseil des *Cent*, tiré du Sénat, paraît
avoir été investi de la principale autorité politique
et judiciaire.

L'aristocratie dominait à Carthage : le Sénat y
était divisé en *pentarchies* ou comités de cinq membres ; les fonctions étaient gratuites et vénales ;
l'autorité des suffètes et de l'assemblée populaire
était annulée par celle du Sénat.

Deux grandes familles se disputaient le gouvernement : les *Barca* et les *Hannon.* Les premiers qui
comptent dans leurs ancêtres les généraux Amilcar
et Annibal s'appuyaient sur le peuple ; les seconds,
plus commerçants, navigateurs intrépides repré-
sentaient l'esprit aristocratique de la cité.

Cette rivalité fut une des principales causes de
la chute de Carthage à l'époque des guerres puniques. Le commerce était l'intérêt principal de Carthage ; tout était organisé pour en assurer la prospérité. Les marchands trouvaient sur toute la côte
d'Afrique, des colonies et des comptoirs. Mais ils
apportaient dans l'exploitation des pays lointains,
une cruauté et une avarice extrêmes.— Pour rendre
les insurrections des peuples soumis impossibles,

Carthage démantelait leurs villes. — Pour donner une idée de la puissance maritime de cette cité, il nous suffira de rappeler qu'elle pouvait armer 350 galères à 5 roues de rames, montées par 42,000 combattants et 105,000 matelots.

Carthage adorait les dieux phéniciens : *Moloch*, appelé Saturne par les Romains ; *Astarté* qui répond à Vénus ; *Melkarth*, l'Hercule tyrien. Elle avait aussi un dieu de la mer dont le nom est resté inconnu. La religion était sanguinaire et dans les calamités publiques on immolait des enfants pour fléchir la colère des Dieux. — Les Romains ont fait aux Carthaginois un renom de *mauvaise foi* et de là vient l'expression de *foi punique*, synonyme de perfidie. — Les arts et les sciences étaient cultivés à Carthage ; les anciens citaient leurs traités sur l'histoire et l'agriculture et sans doute il en existait sur la navigation et l'art militaire. — Quant à la langue, il nous en reste quelques fragments dans une pièce de comédie. Il était difficile de faire mieux que les Romains disparaître une civilisation aussi rémarquable et aussi avancée.

III. — Période romaine

(De 146 av. J.-C. à 428 de notre ère.)

A l'époque de l'invasion romaine, l'Afrique était divisée comme suit :

La *Cyrénaïque*, capitale *Cyrène*, occupait la partie appelée de nos jours régence de *Tripoli* ; puis *Leptis* entre les deux Syrtes (aujourd'hui golfe de Gabès et de Sidre). L'empire carthaginois commençait aux *Autels des Philènes*, se prolongeant jusqu'à la *Numidie* (Algérie), qui comprenait alors deux États :

A l'Est, la *Numidie orientale*, gouvernée par Massinissa, avec *Cirta* (Constantine) pour capitale.

A l'Ouest, la *Numidie occidentale* où régnait Syphax et qui contenait *Icosium* (Alger), et s'arrêtait aux bords du *Muluchas* (la Malva).

De ce fleuve jusqu'à l'Atlantique s'étendait la Mauritanie, dont la vieille cité punique, *Tangis* (Tanger), sous le sceptre du roi Bocchus, faisait face à l'Espagne, et dominait les *Colonnes d'Hercule* (Gibraltar).

De l'autre côté de l'Atlas erraient encore les farouches cavaliers *Gétules*.

Rome, après la chute de Carthage, ne se substitua pas immédiatement au pouvoir qu'elle venait d'abattre. Le vieux *Massinissa*, qui avait aidé à renverser le fier *Syphax* allié de Carthage, et à remporter la victoire de Zama, reçut comme récompense de ses services, les États de son rival et une partie du territoire de Carthage. Ce prince énergique et sage sut faire de la réunion de ces deux *Numidies* un royaume prospère. Par ses soins, puis par ceux de *Micipsa*, son peuple se police; les arts, l'agriculture, enrichissent ses cités et ses champs. *Cirta* s'embellit et s'augmente.

Après la mort de Micipsa, *Jugurtha*, son neveu, cherche à ravir à ses cousins, *Hiempsal* et *Adherbal*, l'héritage de leur père, et met pendant dix années toute la Numidie à feu et à sang, déjouant, à force d'audace et de ruse les plans de la République Romaine. Ardent, mobile, prompt à fuir et à reparaître, sachant exploiter à profit le dévouement des siens, ce courageux barbare offre le type du caractère numide.

En leur livrant son gendre Jugurtha, le roi Bocchus assura aux Romains la possession de l'Afrique. Aussi, dès que César eut bâti, à côté de l'ancienne, une Carthage nouvelle qui prit une rapide importance, le littoral ne fut bientôt qu'une grande colonie romaine où l'élément latin s'assimila en l'absorbant l'élément national. La vieille expérience du peuple-roi, ses méthodes de culture favorisent la naissante industrie des indigènes liés d'intérêts avec leurs nouveaux maîtres par le commerce et l'agriculture. On creuse des canaux, on élève des ponts ; de belles routes sont tracées, les marais desséchés. Cette terre fécondée fit merveilles ; — et tandis que le luxe des grands de l'Italie fait un *Jardin de plaisance* semé de palais, l'Afrique est le *Grenier de Rome*. — Telle est enfin l'influence du travail sur les mœurs, que beaucoup de tribus numides et gétules adoptent la vie sédentaire, préférant à leur existence vagabonde les paisibles travaux des champs.

Après Asdrubal et Hiempsal, le roi des Numides, Juba Ier, se fit tuer en soutenant le parti de Pompée (46) ; son fils Juba II, emmené prisonnier par César, fut élevé à Rome. Auguste, dont il sut se concilier les bonnes grâces, lui donna pour épouse une des filles d'Antoine et de Cléopâtre, et lui créa un royaume formé de la *Mauritanie-Césarienne* (Algérie) et la *Tingitane* (Maroc), que Bocchus et Bogud avaient léguées à l'Empire.

Juba II fonda une capitale qu'il nomma *Césarée* (Cherchell), dont les ruines attestent encore la splendeur.

Ce prince, ami des lettres, mourut après un long règne, laissant des ouvrages en langue grecque, dont il reste quelques fragments.

Cependant, les tribus de l'Ouest et du Sud ne supportaient le joug qu'avec impatience, et leurs incursions tenaient sans cesse sur le qui-vive les colonies romaines établies à l'Est et sur la Côte.

Sous l'empereur romain Tibère, un déserteur qui avait servi l'Empire comme auxiliaire, *Tacfa-*

rinas, soulève des tribus de Maures et de Numides, et compromet en Afrique la puissance de Rome. En suivant dans Tacite les détails de cette révolte, on croirait lire la guerre d'Abd-el-Kader, ses défaites, ses attaques imprévues, ses fuites rapides et ses retours soudains; le vieux guerrier numide tomba les armes à la main l'an 25 de J.-C.

Deux siècles environ après la prise de Carthage, le royaume de Juba fut partagé par Claude en deux provinces ayant pour capitales *Césarée* (Cherchell) et *Tingis* (Tanger)

Malgré les incursions continuelles des tribus insoumises du Sud et des insurrections fréquentes, l'Afrique romaine continue d'être un pays florissant. Sous l'empereur Adrien (76 ap. J.-C.), l'élément juif se transporta en Afrique, la langue et la religion hébraïque prirent d'assez fortes racines dans ces contrées où elles se sont maintenues jusqu'à nos jours.

Plus tard, quelques tribus de Francs franchissant les Pyrénées et l'Espagne, traversèrent la Méditerranée et abordèrent en Afrique. Après avoir saccagé et désolé le littoral pendant douze ans, elles disparurent pour jamais.

L'Afrique demeura à peu près étrangère aux compétitions des empereurs jusqu'à la mort de Dioclétien. Maxence, vainqueur de Galérius (307) dévasta la Numidie, détruisit Carthage, Cirta et couvrit le pays de ruines.

Bientôt de nombreux émigrés accoururent en Afrique, pour échapper au torrent des *Barbares* qui inondent le Midi de l'Europe, cette contrée hospitalière devient plus romaine que l'Italie dont elle accueille les savants et les artistes. De tous côtés s'élèvent de nouvelles cités aux monuments superbes, dont les ruines ont émerveillé l'armée française.

L'Afrique semblait moins que tout autre pays propre à recevoir le christianisme. Elle avait dépassé Rome dans ses déportements et ses corruptions. Les dieux étaient encore debout, mais leur culte, conservé par habitude, n'existait plus dans les cœurs.

Cependant, les premiers apôtres qui vinrent prêcher l'Évangile dans cette contrée, trouvèrent bientôt de nombreux et zélés prosélytes parmi ceux qui jusqu'alors s'étaient adonnés à toutes les jouissances de la vie, à tous les raffinements de la vie matérielle.

Au deuxième siècle, la religion nouvelle trouvait en Afrique un de ses plus zélés défenseurs, *Tertullien*, dont l'apologétique enflammait l'ardeur des nouveaux convertis ; sous son influence, à sa voix, l'Afrique se couvrit d'églises.

L'impulsion était donnée : dès ce moment la foi nouvelle prit de grands développements, et au temps de saint Cyprien (200-258) on comptait dans le Nord de l'Afrique plus de deux cents évêques. A cette époque eut lieu la plus sanglante des persécutions ordonnées contre les chrétiens. L'empereur Dèce, irrité des progrès du christianisme, crut pouvoir l'arrêter par les supplices. Mais là comme partout, le sang des martyrs fut une semence féconde et le nombre des croyants ne fit qu'augmenter, malgré la mort de saint Cyprien qui subit le martyre.

Mais l'esprit inquiet, enthousiaste et mobile des Africains, adoptait avec empressement toutes les doctrines en dehors de l'orthodoxie. *Arius* (300), né en Cyrénaïque (régence de Tripoli) niait la divinité de Jésus-Christ et cette hérésie menaça un moment le christianisme dans ce pays.

Mais l'Église d'Afrique trouvait en la personne

de saint Augustin (354-430) le plus glorieux et le plus ardent défenseur de la foi attaquée.

L'invasion des *Vandales, de religion arienne,* vint étouffer pour un siècle la religion catholique orthodoxe dans le Nord de l'Afrique.

IV. — Période vandale
(De 428 à 533.)

Échappés des bords de l'Oder, après avoir bouleversé l'Occident, envahi la Gaule et l'Espagne, saccagé Rome, fait un désert du Péloponèse, de l'Istrie, de la Dalmatie et de l'Épire, après avoir partout signalé leur passage par des actes atroces qui rendirent leur nom synonyme de dévastation aveugle et insensée, les *Vandales* de Genséric s'abattent sur l'Afrique où les appelle *Boniface,* le gouverneur de la province.

L'Orient effrayé lance en vain contre ces barbares mille vaisseaux et cent mille hommes, flotte et armée, tout est détruit par la tempête !

La vieille Numidie voit ses cités ruinées, ses monuments incendiés, rasés, ses campagnes désolées, ses habitants spoliés, proscrits, égorgés ; ses temples profanés, ses fidèles dispersés. — Les uns succombent dans les tortures ; les autres, mutilés, fous de chagrin et de misère, sont réduits au plus dur esclavage. Ceux qui ont pu s'enfuir dans les bois, dans les cavernes, sont traqués, saisis ; massacrés ; le plus grand nombre meurt de faim dans ces plaines désertes dont les vignes et les moissons ont été brûlées et arrachées. On fait des prisonniers une effroyable boucherie. Leurs monceaux de cadavres, exposés au soleil, autour des villes qui résistent, forment une voirie infecte, dont la putréfaction va empester et décimer les assiégés.

Trois villes à peine : Carthage, Hippone et Cirta restaient encore debout.

Enfin, gorgé de carnage et de butin, Genséric fait de Carthage la capitale d'un royaume qui pèsera 95 ans sur le monde.

Le règne de son fils Hunéric (477) ne fut qu'une série de meurtres : — son propre frère, sa belle-sœur et son neveu, les anciens amis de son père, 40,000 chrétiens furent égorgés.

De 486 à 524, les tyrans *Gunthamund* et *Trasimund* se souillèrent des mêmes crimes. — *Hildéric*, prince plus orthodoxe, essaye un peu de tolérance, mais le cruel *Gélimer*, qui vient de terrasser les Maures, le détrône et le tue (531). — Deux ans après, l'assassin couronné est battu (533) sous les murs de Tricameron par *Bélisaire*, général du Bas-Empire gouverné alors par l'empereur *Justinien*.

Avec lui tombe en Afrique la brutale puissance des Vandales, au moment où, de l'autre côté de la mer, les enfants de Clovis fondaient le royaume de *France*.

V. — Période byzantine

(De 533 à 648.)

L'empire Romain n'est plus : Rome prise par les barbares est devenue la capitale du roi des Ostrogoths, Théodoric.

L'empire d'Orient ou byzantin dont la capitale était Byzance ou Constantinople est trop occupé à lutter contre l'invasion des barbares pour s'inquiéter de l'administration de ses provinces.

L'Afrique, de province romaine, est devenue province grecque ; mais les Maures rebelles se défendent et abritent leur liberté dans les gorges des monts Atlas.

Le plus habile lieutenant de Bélisaire, *Salomon*, a peine à résister aux excursions des indigènes, et surtout des Berbères, qui envahissent les plaines numides et tiennent ses légions en échec.

Après lui l'Afrique, surtout dans la partie Nord-Ouest, allait se trouver de plus en plus abandonnée à elle-même et se constituer en une série de provinces distinctes reliées nominalement à l'empire. Abritées contre les invasions des barbares du Nord par la Méditerranée, par les empires nouvellement formés des Visigoths (Espagne), des Ostrogoths (Italie), des Francs (France) et par l'Empire Byzantin, elles jouissent de la paix et d'une certaine prospérité.

VI. — Période arabe

(De 647 à 1516.)

Mahomet (571-632) fonde en Arabie la religion musulmane (622) et lance les Arabes à la conquête du monde.

Quinze ans à peine après sa mort, ses farouches sectaires, le Coran d'une main, le cimeterre de l'autre, avaient conquis la Perse et la Syrie, la Mésopotamie et l'Égypte.

Une première invasion amena sous les murs de Tripoli le vaillant *Abd-Allah* et 40,000 Arabes. Le patrice *Grégoire* se porta à leur rencontre et fut battu. Mais l'armée d'Abd-Allah, décimée par les maladies, dut renoncer à sa conquête et rentrer en Égypte.

Une seconde invasion sous le califat de *Moawiah*, fut arrêtée dans le cours de ses succès par une révolte qui éclata en Asie.

Enfin une troisième invasion conduite par *Oukbah-ben-Nafy* bat à la fois les Byzantins et les Berbères, s'empare de Bougie et de Tanger. Désormais l'Afrique du Nord jusqu'à l'Océan était Arabe. Oukbah bâtit dans le voisinage de Carthage la ville fameuse autrefois de *Kaïrouan*.

Les Maures s'unissent aux Grecs pour opposer une digue au torrent qui les envahit, mais rien ne résiste aux musulmans; Hassan, leur général, prend Carthage d'assaut et soumet toute la province. Les Grecs n'échappent qu'en fuyant sur leurs vaisseaux.

En vain les Berbères de l'Aurès, à la voix de leur prophétesse Kaïna, s'arment pour la guerre sainte : Hassan les poursuit sans merci, et le Nord de l'Afrique forme un grand état appelé le *Maghreb*.

Les riches dépouilles rapportées par Hassan provoquèrent un mouvement d'émigration considérable, et, tandis que 300,000 captifs berbères sont transportés en Arabie, grand nombre de tribus arabes passent en Afrique et y répandent l'islamisme. Comme eux nomades et indépendants, hospitaliers, mais aimant la rapine, les Berbères devinrent leurs plus fermes alliés.

En moins d'un siècle, les dénominations romaines, la constitution politique de l'Afrique furent changées. — La conquête et la conversion continuées par le calife *Adb-el-Mélik* furent achevées après par le vice-roi *Mousa-ben-Nosaïr*.

Bientôt, appelés en Espagne par le comte Julien, les Arabes occidentaux (*Maures*) et les orientaux (*Sarrasins*) franchissant le détroit de Gibraltar, débordent sur l'Espagne, remontent menaçants jusqu'au cœur de la France, et viennent se heurter à Poitiers contre les Francs de Charles Martel qui écrasent leurs bataillons.

Mais tandis que leurs kalifats s'implantent à Cadix, à Séville, à Valence, à Cordoue, à Tolède, à Grenade (qu'ils illustrent de monuments et de l'éclat de leurs écoles), l'Afrique se débat au milieu d'effroyables luttes religieuses, pendant *sept siècles*, les dynasties ne font que se succéder et se renverser.

De 786 à 954 les kalifes *Edrissites* (descendants de Edrès-ben-Edrès) règnent dans le Maroc, tandis que les kalifes *Aghlabides* (descendants d'Ibrahim–ben–Aghlab) règnent à Kaïrouan. Ils sont remplacés par les kalifes Espagnols de Cordoue et les kalifes *fatimites* qui depuis Mahadi (descendent de *Fatime*, fille de Mahomet), règnent à Kaïrouan (959–1046).

Les Berbères, sous la conduite d'*Abd-Allah*, d'*Abou-Beker*, de *Youssef-ben-Taschefin*, kalifes Almoravides, deviennent les maîtres du Maghreb (1046–1070).

Enfin, vers 1195, le célèbre *Abou-Yacoub-Youssef*, surnommé le Victorieux (El-Mansour), réunit à sa cour, dans son double royaume d'Afrique et d'Espagne, les Avenzous, Averroès et toute la pléiade des artistes et des savants de cette brillante époque. Le prince illustre en abandonnant, durant ses longs séjours en Andalousie, les gouvernements de Tlemcen, d'Oran, de Bougie, à des lieutenants (*oualis*), préparait la ruine de sa propre puissance, car ces derniers finirent par se rendre indépendants.

En 1212, la Castille se réveille à la voix de son roi Alphonse IX, qui, soutenu par le pape Innocent III et par de nombreuses légions de chevaliers français, italiens et allemands, soulève contre les *Infidèles* une formidable *croisade*. Six cent mille musulmans répondent à cette menace ; mais cette nouvelle guerre sainte devait finir pour eux par la plus épouvantable journée du châtiment (*El-Akhad*) : 200,000 des leurs tombèrent devant la place de *Tolosa*.

L'empire des Maures ne se releva pas de cet échec et, lorsqu'en 1270, saint Louis, roi de France, vint mourir devant Tunis, déjà le *Maghreb* démembré se scindait en trois dynasties : celles des *Beni-Merin* (Marocains), — des *Beni-Hafez* (Tunisiens), — des *Beni-Zian* (Algériens).

Malgré leurs guerres continuelles avec leurs voisins, ces derniers formèrent un grand État ayant pour port principal *Oran*, où les marchands de Marseille, d'Arles et de Narbonne, les Vénitiens, Portugais, Catalans, venaient échanger des étoffes, des armes, de la verroterie, contre des cuirs préparés, des laines, de la cire, de la poudre d'or, de l'ivoire et des plumes d'autruche. De son côté *Tlemcen* entretenait alors un commerce important avec le Sahara et l'intérieur de l'Afrique. Les dissensions intestines, les attaques des Espagnols, la rivalité des Zégris ou Zéirites (Maures) et des Abencérages que Gonzalve de Cordoue étouffa en les écrasant dans *Grenade* (1492) devaient achever la ruine de la puissance arabe. Ce peuple, après avoir, pendant neuf cents ans, brillé d'un vif éclat, retombait dans sa barbarie au moment où, du haut des remparts de Constantinople vaincue, le *Croissant turc* menaçait à la fois les musulmans d'Afrique et les chrétiens d'Europe.

Bannis de l'Aragon, de Valence et de Grenade, repoussés par leurs coreligionnaires d'outre-mer, animés enfin d'un ardent désir de vengeance, et possédés de la passion du pillage, les Maures se réfugient dans les baies du littoral de l'Afrique d'où leurs brûlots s'élancent sur les vaisseaux européens qu'ils capturent. — Plusieurs villes côtières, *Oran* et *Alger* entr'autres, habituées à la *piraterie*, leur servent de repaires et de centre d'opérations.

Délivrés des Maures en Espagne, les chrétiens viennent attaquer les côtes africaines.

A deux reprises (1505-1509), les flottes espagnoles

de *Ferdinand le Catholique* pourchassent les corsaires jusqu'au port de *Mers-el-Kébir*. — Dans la dernière expédition, le cardinal ministre don François *Ximénès*, grand inquisiteur de Castille, avait voulu faire lui-même les frais de l'entreprise et en partager les périls. Grâce à la trahison d'un juif qui leur livra les portes, les chrétiens, commandés par *Pierre de Navarre*, s'emparent d'*Oran*, occupent *Bougie* l'année suivante, et *Tlemcen*, *Dellis*, *Mostaganem* et *Tunis* se rendent. *Alger* s'engage à payer à l'Espagne un lourd tribut pendant dix ans. — La citadelle du *Pénon*, élevée dans l'île qui fait face au port, tient en respect avec ses canons les pirates algériens qui ne tarderont pas à prendre leur revanche.

VII. — Période turque

(De 1516 à 1830.)

ALGER, au XVIe siècle, formait une principauté sous le protectorat de *Sélim-Eutémi*, chef de nombreuses tribus campées dans la plaine de la Mitidja. C'était une ville peu considérable, qui, depuis, se rendit fameuse aux dépens de l'Europe et surtout de l'Espagne.

L'arrogance des Castillans, les canons de la forteresse du Pénon nuit et jour braqués sur la *Kasbah*, le contrôle imposé à l'entrée et la sortie du port, gênaient les Barbaresques.

Aussi, dès que Ferdinand V fut mort, Sélim fit appel aux services de *Barberousse* (Aroudj). Ce redoutable aventurier, qui entretenait à ses frais une puissante escadre, avait déjà deux fois canonné dans Bougie la milice castillane et chassé les Gênois de Djijelli.

Tandis qu'*Hariadan* (Khaïr-Eddyn), son frère, élève une batterie en face du Pénon, Aroudj est reçu dans Alger comme un libérateur. L'audacieux forban jette aussitôt le masque : ses séides, traitent la ville comme une place prise d'assaut. Les habitants sont pillés et massacrés, le malheureux Sélim étranglé; l'usurpateur règne en despote. Tous les bandits de l'archipel accourent pour former sa garde. Comme Amurat et Bajazet, Barberousse a ses *janissaires*, corps composé d'étrangers, de renégats et de Turcs qui seuls auront droit aux emplois Les fils des miliciens sont exclus de cette garde quand ils sont nés de femmes arabes (*Koulouglis*).

La garnison qui défend le Pénon n'est plus en sûreté; les *pirates* ont reconquis l'empire de la mer, qu'ils garderont pendant trois siècles.

Les indigènes se liguent avec les Turcs et fondent sur les Espagnols, qui battent en retraite, tandis que la mer jonche la plage des débris de leur flotte. Les Espagnols partis, les Algériens essayent en vain de s'affranchir de la tyrannie de l'usurpateur. Les Arabes de la Mitidja décident le roi de Tenez à marcher à leur tête; mais Barberousse, laissant à Hariadan le gouvernement d'Alger, écrase l'armée du roi maure. Médéah, Tenez, Milianah et toutes les villes voisines se courbent sous l'autorité du vainqueur. Tlemcen lui envoie ses clefs avec la tête de son souverain.

Les Espagnols tremblaient dans Oran. Leur gouverneur Comarès vole à Madrid demander du renfort. *Charles-Quint* lui envoie 10,000 hommes commandés par Martin d'Ayote, qui s'empare du fort Callah et vient assiéger Barberousse acculé dans Tlemcen. Après un mois de bombardement, les vivres manquent, et Aroudj s'évade par une poterne. Les Espagnols le poursuivent sans relâche et l'atteignent enfin sur les bords du *Rio-Salado* (Oued-el-Méda). Accablé de fatigue, le corsaire se réfugie avec quelques fidèles-janissaires derrière un amas de roches où ils se défendent avec acharnement, jusqu'à ce qu'Aroudj tombe frappé par un soldat qui lui tranche la tête (1518). Il avait quarante-quatre ans.

L'Espagne ne profita pas de sa victoire : le temps que mit Comarès à attendre les ordres de Madrid permit aux Turcs de se remettre de leur stupeur.

Hariadán (Kaïr-ed-Din) est proclamé chef suprême des janissaires, sous le nom de *Barberousse II*, il fait hommage à la *Sublime-Porte* de la principauté d'Alger, dont il garde le pachalik. Le sultan lui accorde le droit de battre monnaie, et lui confie deux mille janissaires.

Charles-Quint lance en vain contre Alger une nouvelle armée : de 30 vaisseaux qui composent sa flotte, 26 sont brisés sur la côte par une tempête qui engloutit 4,000 hommes.

Barberousse II s'empare de Mostaganem, de Tenez et de Mazouna, chasse les Espagnols du Pénon, rase cette forteresse dont les débris lui servent à construire le Môle qui réunit les îlots à la ville, et qui porte encore le nom de *Khaïr-Eddyn*.

Alger *la bien Gardée* (el-Djezaïr-el-Meharoussa) devient florissante, et se développe sous son audacieux *pacha*.

Le sultan Soliman l'ayant choisi comme amiral en chef de la flotte ottomane, gênée par les croisières du célèbre marin génois André Doria, Barberousse II confie à son lieutenant, Hassan-Agha, la régence d'Alger, et se rend à Constantinople avec une flotte de 44 navires (1533). Sur son passage, de l'archipel à Gibraltar, le forban sème l'épouvante. Devenu maître de Tunis par une perfidie odieuse, il fait travailler 20,000 esclaves chrétiens à creuser le canal et le pont de la *gou-*

lette. — Kaïrouan et plusieurs autres cités importantes se soumettent.

La chrétienté s'émeut : Naples, la Sicile et Gênes se liguent avec Charles-Quint et préparent contre Tunis un armement formidable (1535). La flotte coalisée débarque une armée près des ruines de Carthage, à l'endroit même où avait campé saint Louis 267 ans auparavant. — Barberousse II se porte à leur rencontre avec 8,000 Turcs et une foule d'Arabes qui se débandent au premier choc, et 25,000 esclaves enfermés dans la citadelle, brisent leurs chaînes et viennent l'attaquer par derrière. Il s'ouvre cependant un passage avec l'élite de sa milice et parvient à gagner le port de Bône. Les vainqueurs furent sans pitié, 200,000 personnes, femmes, enfants, soldats, périrent par le fer, dans les déserts ou dans la servitude. Le pillage dura trois jours et donna un butin considérable ; mais l'objet principal de cette expédition fut manqué : échappant à toutes les poursuites, le corsaire ne montra jamais plus d'audace, et Charles-Quint paya chèrement son triomphe, lorsqu'en 1541 il se présenta devant Alger, un affreux orage anéantit presque toute sa flotte et le força de rembarquer avec quelques vaisseaux, abandonnant à l'ennemi ses bagages, son artillerie et 6,000 prisonniers.

Quant à Barberousse II, après avoir battu Doria sur les côtes de l'Epire, ravagé l'Italie, pris d'assaut Castel-Nuovo (1539), vaincu les chrétiens à Candie, soutenu les Français contre Charles-Quint, il mourut dans son palais de Bixatar aux environs de Constantinople. Il laissait pour héritier son fils Barberousse III (*Hassad-ben-Khaïr-Eddyn*), qui fut élu par les janissaires au pachalik d'Alger avec l'assentiment de la *Porte* (1548).

La déroute de Charles-Quint ruina l'influence de

l'Espagne en Afrique, et augmenta l'arrogance des pirates.

La France, grâce à ses bonnes relations avec le sultan Soliman, avait pu élever entre Bône et la Calle, le fameux *Bastion de France* pour protéger nos nationaux et nos pêcheurs de *corail* (qui conservèrent leurs priviléges jusqu'en 1799). Des traités politiques et commerciaux furent signés avec les Turcs par François Ier en 1536; par Charles IX, par Henri IV en 1597. Ces traités furent parfois violés, mais, dès 1564, nous avions à Alger un représentant consulaire chargé de défendre les intérêts de nos nationaux.

Le pacha *Salah-Reïs*, qui avait un instant supplanté le fils de Barberousse, acheva de réduire Tlemcen; mais la mort le surprit au moment où, maître de Bougie, il pensait conquérir Oran.

Barberousse III, rappelé au pouvoir, battit les Espagnols, sous les murs de Mostaganem (1558.)

La lutte, continuée avec des chances diverses, entre les Turcs et l'Espagne, ne modifia pas la puissance des deux rivaux. A cette époque, les *pachas* d'Alger, abandonnant aux *beys*, le gouvernement des provinces et la direction de la guerre contre les chrétiens, cherchent à compenser leur peu de succès militaire par l'exercice fructueux d'une piraterie effrénée.

En 1605, en se rendant de Marseille à Narbonne, Vincent de Paul, alors simple prêtre, fut pris et conduit à Tunis comme esclave par un renégat savoyard, que le saint homme convertit et ramena en France. Cette captivité devait lui inspirer plusieurs œuvres de charité.

Après les Barberousse, les pachas ou vice-rois d'Alger, se rendirent odieux aux Turcs et aux Arabes par leurs exactions.

En 1659, à la suite d'une révolte, l'administration

est confiée à un *agha* et le pacha ne conserve plus qu'un pouvoir nominal; mais les aghas tombent dans les mêmes fautes et les miliciens qui ne sont pas toujours d'accord sur le choix de leur gouverneur, se mutinent au moindre mécontentement, le massacrent ou le dépossèdent; — en très-peu d'années, quatre d'entre eux furent assassinés.

Nouvelle révolte en 1671 : le Conseil remplace l'Agha par un *Dey* (tuteur) électif, gouvernant avec le Pacha qui représente les intérêts de la Porte. Une lutte incessante s'engage dès lors entre les deux pouvoirs; de nombreuses séditions fomentent de sanglants désordres.

En 1710, Baba-Aly-Dey fait tomber sous le glaive 1,700 têtes de janissaires soulevés contre lui par le Pacha, qu'il dépossède. Il obtient la sanction du sultan.

Désormais les *deys d'Alger* gouverneront la régence, et leur nomination, que la *Sublime-Porte* approuve pour la forme, reste le privilége des janissaires. Ces derniers, souverains possesseurs d'un royaume fertile et d'un peuple qu'ils rançonnent à leur gré, despotes obéis sur terre et sur mer, brigands indomptés, sont les véritables maîtres du gouvernement. — Mais tandis que les Arabes fondaient des villes et créaient une civilisation brillante, les Turcs ne savent que détruire : avec eux les arts n'existent pas, le commerce et la population diminuent.

Jusqu'à la conquête française, l'histoire de la Régence n'offre qu'une série de trahisons, de séditions et d'atrocités. Les marins et passagers des navires capturés sont dépouillés, traînés sur le marché d'Alger, vendus comme esclaves. Les femmes peuplent les harems; les hommes sont traités comme des forçats. Ceux dont la charité des *Frères de la Merci*, ou la pitié de parents ou d'amis ne paient pas la rançon, expirent de misère et de mauvais traitements.

L'Europe dévorait sa honte. Affaiblie par des guerres sans cesse renaissantes, elle laissait son commerce sans défense contre les pirates.

Louis XIII envoie contre Alger une inutile expédition que commandait l'amiral Beaulieu.

Sous Louis XIV seulement, les chevaliers d'Hocquincourt, de Tourville et le fameux marin *Paul*, grand commandeur de Malte, font aux corsaires une rude chasse. L'année 1664 fut marquée par la prise de Djigelly qui n'eut pas de suite grâce à la mésintelligence des chefs. L'année suivante, le duc de Beaufort bat les Musulmans devant Tunis et les amiraux Duquesne et Trouville (1681-1683) font pleuvoir sur Alger une grêle de bombes. — Écrasée sous les projectiles lancés par les *galiotes à bombes* de *Petit-Renaud*, la ville qui avait insulté le pavillon français demande grâce. Hassan rend aux Français une partie des prisonniers, mais il est étranglé et supplanté par le cruel Hadji-Hassein, surnommé le *Mezzomorto*; le drapeau rouge flotte sur la Kasbah. Notre consul, le P. Levacher, et nos nationaux sont attachés à la gueule des canons, et leurs membres lancés sur le pont de nos navires. Écrasée encore par nos boulets, Alger allait payer cette atrocité, mais les projectiles manquent, et la vengeance est remise.

Mezzomorto consent à traiter avec nous en 1684, mais il recommence ses bravades. Le maréchal d'Estrées, chargé de le châtier, lance 10,000 bombes sur Alger. Un éclat d'obus renverse le forban qui venait de faire subir à notre nouveau consul, M. Piolle, et à plusieurs otages le supplice du P. Levacher. Le Conseil de la ville, effrayé des terribles représailles exercées par notre amiral, envoie à Paris une ambassade solennelle et la paix est signée.

Cinq ans après, un traité spécial garantissait la propriété de nos établissements commerciaux de Bône et Bougie, avec une concession pour notre pêche de corail.

Les Turcs enlèvent aux Espagnols, en 1708, Oran et Mers-el-Kébir qu'Ali-dey leur laissera reprendre. En 1732, cinq deys furent élus et étranglés le même jour par les janissaires. — Leur tombe se voit encore à Alger dans le faubourg de *Bad-el-Oued*.

A de tels misérables, l'Angleterre, la Hollande et d'autres puissances européennes se résignaient à payer de honteuses redevances !

En 1770, quelques galiotes danoises passent et repassent pendant huit jours devant le port d'Alger, qui ne daigne pas saluer d'un coup de canon cette manifestation dérisoire.

Un dernier effort des Espagnols n'aboutit, en 1775, qu'à un nouveau désastre : de ses 30,000 hommes et de ses 100 canons, le général O'Reilly ne ramène que quelques épaves. Même insuccès, huit années plus tard, la paix, achetée par l'Espagne, lui coûte 14 millions.

Mohammed, par exception, meurt dans son lit, à l'âge de 80 ans, après un règne de 25 années.

Baba-Hassan, son fils adoptif, prend sa place et obtient des Espagnols leurs possessions d'Oran et de Mers-el-Kébir qu'un tremblement de terre vient de ruiner.

La République française, par l'entremise de la maison *Busnach et Bacri*, tire de l'Algérie, pendant l'année 1793, pour 17 millions de céréales. Le payement de cette somme, trente ans plus tard, provoque l'invasion et la conquête de l'Algérie, par la France.

En attendant, *Baba*, qu'épouvantait le *capitaine diable* (Bonaparte), laisse, en mourant, la régence à son neveu *Mustapha* qui, sur l'ordre de la Porte, pendant notre expédition d'Egypte, dût chasser r?? nationaux et séquestrer notre consul.

Nos relations se rétablissent en 1801. A cette époque, les corsaires profitent des conflits européens pour relever la tête; Alger se fortifie et s'?? richit de nouvelles captures.

En 1806, à seize kilomètres de Mascara, dans la *Ghetna* de Mahi-ed-Ben, célèbre marabout, naiss?? *Abd-el-Kader*.

A la tête de forces imposantes, *lord Exmouth* vient, en 1816, réclamer, au nom de l'Angleterre et de la Hollande, l'abolition de l'*esclavage* et de la piraterie. A son ultimatum, les batteries algériennes répondent par d'épouvantables décharges; 51,000 boulets et 960 bombes y répondent de la flotte alliée, balayant le môle et les murailles de la ville; en quelques heures la marine turque est détruite. *Omar* accepte la paix. L'année suivante, le sanguinaire *Ali-Kodja* le tue et le remplace (1817); les janissaires s'étant soulevés, il en fait un affreux massacre, et s'enferme dans la *Kasbah* sous la garde de nègres et d'Arabes dévoués qui jurent avec lui d'exterminer l'odieuse milice. Là peste emporte Ali-Kodja une année après.

Hussein-Dey (El-Osayn-ebn-el-Hasan) devait être le dernier des successeurs d'Aroudj.

A la fin de l'année 1818, les puissances européennes, réunies à *Aix-la-Chapelle*, cherchèrent à s'entendre sur les moyens de mettre fin à la piraterie.

Les deys d'Alger, de Tunis et de Tripoli reçurent notification des résolutions du *Congrès*. Hussein ne répondit que par de nouvelles vexations.

Un fait plus grave allait amener la rupture : en 1819, d'après arrangement signé avec la cour de France, nous restions débiteurs envers les sieurs *Busnach et Bacri* d'un reliquat de *sept millions* sur le montant des fournitures de blé faites par eux à la République. Le trésor leur compta, par douzièmes, 4,500,000 francs, et remit à la caisse des Dépôts et Consignations 2,500,000, comme garantie de pareille somme due par les deux juifs algériens à diverses maisons françaises; mais Hussein-Dey revendiquait cette dernière somme, comme créancier de Bacri, ainsi que le remboursement immédiat de deux autres millions perçus (affirmait-il) comme *pot-de-vin* par notre consul. L'affaire fait du bruit : la France temporise, et le Dey presse en vain la solution du litige.

Enfin, le 27 avril 1827, le Dey, en présence des consuls des puissances représentées à Alger s'emporte en invectives contre la France, insulte notre consul, M. Deval, et le frappe au visage de son éventail. Après cet acte, Hussein-Dey refuse une réparation, chasse nos nationaux, détruit nos établissements et nous déclare la guerre.

Deux mois après, notre escadre bloquait Alger, mais cette occupation maritime nous coûte *sept millions* par an, jusqu'à la fin de 1829.

Pendant cette période, avec le consentement de la Porte, la France négocie avec le pacha égyptien, Méhémet, s'engageant à lui fournir les subsides nécessaires pour qu'il pût s'emparer des trois régences, qu'il aurait gouvernées au nom du Sultan en payant tribut, et en abolissant en Afrique la traite des chrétiens. Le refus de la cour anglaise empêcha cet arrangement.

Vers la fin de juillet 1829, le comte de la Bretonnière, capitaine du vaisseau *La Provence*, M. de

Nerciat, commandant du brick *L'Alerte* et M. Bran-chi, secrétaire interprète, firent auprès d'Hussein-Dey une dernière tentative de conciliation. Ils furent accueillis avec une arrogance brutale et, au moment où ils regagnaient le large, une épouvantable décharge, partie des forts de la ville, fracassa, au sortir de la baie, les agrès de *La Provence* et renversa le pavillon parlementaire qui flottait à son mât.

Au retour du vaisseau parlementaire en France, la guerre est résolue.

VII. — Période française. — Invasion.

Cette lointaine expédition contre les Barbaresques, plaisait à Charles X, parce qu'elle rappelait les *Croisades* du moyen âge, elle souriait à M. de Polignac, le chef du ministère, qui voulait distraire l'opinion publique; elle flattait les instincts du peuple français, qui de tout temps a aimé la guerre. Mais elle rencontra, dans le parti libéral et dans la presse une opposition systématique.

A part l'Angleterre, qui redoutait de voir la France réussir où avait échoué lord Exmouth, toutes les cours de l'Europe applaudirent.

Le 25 *mai* 1830, sous les ordres du comte de Bourmont, ministre de la guerre, et du vice-amiral Duperré, 500 navires, portant 37,000 soldats et marins, quittait le port de Toulon, aux acclamations de la foule. Retardé au début, par des vents contraires, le débarquement s'opéra le 15 juin, sur la plage de *Sidi-Ferruch*. Le 18, un violent orage, qui rappelait le triste souvenir des désastres de Charles-Quint, fit naître des craintes; mais elles furent bientôt dissipées, et nos soldats prirent gaiement leurs positions.

Les jours suivants, 40,000 cavaliers et 10,000 fantassins arabes accourent se ranger sur le plateau de Staoueli pour nous barrer le passage, mais leurs redoutes sont enlevées au pas de charge. Poursuivis à la baïonnette, décimés par la mitraille, les Turcs se réfugient dans Alger, abandonnant leurs morts et leurs blessés, 13 canons, 2 mortiers, 100 chameaux et 400 tentes.

A la nouvelle du danger, Hussein-Dey relève le courage de ses janissaires et, du haut des minarets, les marabouts prêchent la *guerre sainte*. Du 24 juin au 3 juillet, pendant que le siége s'organise, des nuées de musulmans fanatiques fondent avec des cris désespérés sur nos campements ; on les refoule avec pertes dans la ville. Le 4, au point du jour, une fusée donne le signal ; toutes nos batteries démasquées tonnent ensemble avec furie. Le *fort de l'Empereur* vaillamment défendu, s'écroule sous les boulets, la poudrière saute avec une formidable explosion, et le drapeau de la France flotte sur la citadelle. Déjà nos canons sont braqués sur la *Kasbah*, quand, menacé par les Turcs, abandonné par les Arabes, Hussein-Dey envoie enfin implorer la clémence des vainqueurs.

Le 5 *juillet* 1830, nos troupes font à Alger leur entrée triomphale. Peu de jours après, Hussein-Dey et sa suite s'embarquaient pour Naples sur une frégate française. Les janissaires sont expédiés à Smyrne, et les Turcs mariés sont seuls autorisés à rester dans la Régence. Les trésors de la Kasbah renfermaient *cinquante-sept millions*.

Le maréchal de Bourmont, après avoir fait occuper Bône et Oran, pousse une reconnaissance jusqu'à Blidah.

Mais, en même temps que croulait en Afrique, après trois siècles de brigandage, le redoutable empire fondé par Barberousse, le gouvernement de Charles X succombait à la révolution de Juillet et était remplacé par le régime parlementaire et la royauté de Louis-Philippe. (31 JUILLET 1830.)

IX. — Les Français en Algérie. — Conquête

(De 1830 à 1857.)

La régence barbaresque, dont Alger avait été la capitale, était formée (outre la province d'Alger) de trois gouvernements : *Tittery* au sud, *Oran* à l'ouest, *Constantine* à l'est. Alger étant tombée en notre possession, notre domination devait s'étendre insensiblement pour remplacer celle des Turcs, renversée dans son centre. Le bey d'Oran, se soumit de plein gré, immédiatement après l'occupation d'Alger, celui de Tittery se rendit, dès la fin de l'année 1830, au maréchal *Clauzel*, qui avait été donné pour successeur au comte de Bourmont. Cependant, maîtres de quelques-unes des places les plus importantes, nous n'eûmes d'abord qu'une faible action sur les populations nomades des campagnes. Délivrées du joug des Turcs, elles s'abandonnèrent sans réserve au sentiment de leur nationalité, qu'un homme de grand talent, Abd-el-Kader, sut exploiter contre nous. Dès l'année 1831, le jeune chef (âgé alors de vingt-cinq ans) s'était distingué, près du fort Saint-Philippe, et sa réputation n'avait fait que grandir. Exploitant adroitement l'enthousiasme fanatique de ses compatriotes, il espérait, en faisant une guerre *religieuse* et *nationale*, profiter de l'expulsion des Turcs pour rendre aux Arabes la libre possession de la terre numide.

Si l'on excepte l'attaque contre Blidah et Médéah, l'administration des généraux Clauzel et Berthezène n'avait été signalée que par une multitude d'arrêtés qui n'apportèrent aucune amélioration aux embarras qui suivent une conquête.

Le général duc *de Rovigo*, nommé gouverneur de la colonie en 1832, s'empara de *Bône* et noua des relations avec différentes tribus des environs d'Alger.

Son successeur, le général *Voirol*, occupa Mostaganem et Bougie (1833-1834). C'est pendant son administration qu'Abd-el-Kader s'essaya pour la première fois à lutter contre nous, et se fit battre par le général Desmichel.

En 1835, sous l'administration du comte *Drouet d'Erlon*, qui le premier eut le titre de gouverneur général d'Algérie, nos troupes essuyèrent le désastre de la *Macta*, où nos blessés furent massacrés.

Cette défaite ramena le maréchal Clauzel à la tête de la colonie. Il vengea l'affront fait à nos armes, enleva à Abd-el-Kader sa capitale Mascara, et fit, en novembre 1836, une tentative infructueuse sur Constantine. Dans la retraite difficile qui suivit, s'illustra le chef de bataillon *Changarnier*, commandant de l'arrière-garde.

Le général *Damrémont*, qui remplaça le maréchal Clauzel en 1837, prépara une seconde expédition contre Constantine. Il tomba glorieusement, emporté par un boulet, la veille même de l'assaut qui fut donné le 13 octobre avec une vigueur couronnée de succès. Nos troupes restèrent maîtresses de la ville et ne tardèrent pas à s'emparer de la plus grande partie de la province.

Le lieutenant général *Vallée*, qui avait dirigé l'attaque, reçut le bâton de maréchal et le commandement de l'Algérie. C'est à ce siége célèbre que se signalèrent plusieurs braves officiers dont le nom a en, plus tard, du retentissement : Mac-Mahon, Bedeau, Lamoricière, Canrobert, etc.

Abd-el-Kader, dont la puissance avait grandi, tenait bloquées nos garnisons de la province d'Oran, et amenait le général Bugeaud à signer le traité de la Tafna (1837). Ce traité, tout en consacrant la souveraineté de la France, reconnaissait l'autorité de l'émir sur les provinces d'Oran, de Tittery et d'Alger, à l'exception des villes d'Oran, Arzew, Mazagran, Mostaganem, Alger, Blidah, Coléah, le Sahel et la Mitidja.

Le maréchal Vallée fit occuper, en 1838, Blidah et Coléah dans la Mitidja, Djidjelli et Sétif dans la province de Constantine. Alors, l'expédition des *Portes-de-Fer*, conduite par le duc d'Orléans, fournit à Abd-el-Kader le prétexte de rompre le traité de la Tafna et de saccager notre territoire jusque sous les murs d'Alger.

Malgré nos succès, malgré l'occupation de Médéah et de Milianah et le beau combat du col de Téniah, Abd-el-Kader, toujours vaincu, mais insaisissable, reparaissait après chaque défaite aussi redoutable que la veille.

Cette même année fut témoin de l'héroïque défense de *Mazagran*, où derrière une faible muraille, 123 hommes d'infanterie, sous les ordres du capitaine Lelièvre, tinrent tête pendant quatre jours à un nombre très-supérieur d'Arabes !

Moins de deux mois après, nous nous emparions de Cherchell (l'antique Césarée) après une lutte acharnée contre la tribu des Hadjoutes.

C'est le général Bugeaud, nommé gouverneur général en février 1841, qui devait pacifier, après plusieurs années de nouveaux efforts, la colonie qui nous avait déjà coûté tant d'or et de sang. Il détruisit les places d'armes de l'émir, Boghar,

Thaza, Saïda et lui enleva Mascara. En 1842, il s'empara de Sebdou, sa dernière place, et occupa la province de Tittery. L'année suivante, le duc d'Aumale enleva la *Smala* d'Abd-el-Kader. Cinq cents hommes donnèrent dans cette affaire contre cinq mille Arabes : une heure après le commencement du combat, 4,000 prisonniers, le trésor de l'émir, ses tentes et ses drapeaux étaient au pouvoir de nos troupes.

Cette victoire sema la terreur parmi les partisans de l'émir, et affaiblit son pouvoir ; mais les haines religieuses subsistaient, et cette rude leçon fut vite oubliée !

Batna, Biskra, Dellys furent occupées en 1844, et le Maroc, qui avait donné appui à l'émir, reçut son châtiment à la bataille d'*Isly* et au bombardement de *Mogador* et de *Tanger*.

La paix paraissait établie, lorsque, en 1845, Abd-el-Kader, rentré du Maroc dans la province d'Oran, d'où il s'était enfui après la prise de la Smala, renouvela ses tentatives, secondé par des prédications qui soulevèrent le Dahara. Cette insurrection fut réprimée par les colonels Saint-Arnaud et Pélissier, pendant que le général Bedeau acheva la soumission de l'*Aurès*.

C'est dans une de ces marches que le colonel Pélissier, arrêté par les *Ouled-Riah*, réfugiés dans des grottes inabordables, se vit réduit à l'impérieuse nécessité de faire allumer de grands feux devant l'ouverture de ces grottes. Cinq cents personnes furent *brûlées vives*.

Les différentes tribus qui avaient accueilli l'émir furent châtiées en 1846 ; et Abd-el-Kader, dépouillé de toute puissance fut rejeté dans le Maroc. Dans cette même année (25 septembre), se passa un des plus héroïques épisodes de nos annales militaires :

la défense du marabout de Sydi-Brahim. Le colonel de Montagnac, attiré dans un guet-apens, périt glorieusement avec presque tous les hommes qu'il commandait.

En 1847 eut lieu l'expédition contre la Grande Kabylie, dirigée par le maréchal Bugeaud, et à la fin de cette année, Abd-el-Kader se rendit au général Lamoricière. Quelques mois plus tard la France proclamait la république, le 24 février 1848.

Lorsque la population civile se fut accrue par la fondation d'un certain nombre de colonies agricoles, l'Algérie ne fut plus le théâtre que d'expéditions secondaires : la destruction de Narah, en 1850 ; l'expédition contre la petite Kabylie, en 1851 ; l'expédition du général Mac-Mahon ; la réduction du Djurjura, par les généraux Camou et Pélissier ; la prise d'Elaghouat et la soumission d'*Aïn-Mâdhy*, (1852) ; la prise d'Ouargla, en 1853 ; la reddition de Tuggurt, en 1854 ; enfin la soumission de la grande Kabylie, par le maréchal Randon (1857).

Quelques troubles, bien vite apaisés, nous alarmèrent un instant pendant que l'invasion prussienne mutilait la France (1870-71). Depuis 1872, notre colonie est tranquille et nous porte à espérer que notre conquête est désormais définitive.

Si un jour, quelqu'un veut suivre page par page l'histoire de cette guerre, il y trouvera le sujet d'un beau récit où rien ne lui manquera, ni les grandes batailles, ni les épisodes, ni les héros.

Elle était en effet la première de l'Europe, l'armée, qui, après vingt-sept années de victoires, de revers, de luttes opiniâtres contre un peuple infatigable et vaillant, devait plus tard montrer, en Crimée, à quelle rude école elle avait été formée.

DEUXIÈME PARTIE

GÉOGRAPHIE

I. — Position, limites, étendue, divisions naturelles.

L'ALGÉRIE (Afrique française) s'étend du 32e degré de latitude sud au 37° de latitude nord; et du 4° longitude occidentale au 7° longitude orientale environ, à compter du méridien de Paris.

Elle est bornée, au nord, par la Méditerranée; au sud, par le Sahara; à l'est, par la régence de Tunis; à l'ouest, par l'empire du Maroc.

Entre la mer et le désert, la chaîne des monts Atlas la traverse dans toute sa largeur.

Elle embrasse en superficie, 470,000 kilomètres carrés, équivalant aux 3/4 de la France dont elle est éloignée de 650 kilom. par Port-Vendre, et 750 par Marseille.

Son littoral offre un développement de 900 kilom. (environ 225 lieues) de la Calle à Nemours; et elle s'avance de 5 à 600 kilomètres dans l'intérieur des terres.

On compte de Marseille à Alger, 804 kilomètres; à Oran, 990 kilomètres; à Bône, 745 kilomètres; à Philippeville, 722 kilomètres.

DIVISIONS NATURELLES. — Du nord au sud, de la Méditerranée au désert, l'Algérie se divise en 3 zones parallèles, savoir :

1º Le *Sahel*, région maritime ;

2º Le *Tell*, qui couvre les fertiles plaines et *plateaux* du versant septentrional de l'Atlas (14 millions d'hectares) ; — c'est la contrée des céréales ;

3º Le *Sahara*, sur le versant opposé, formé de steppes et de landes sablonneuses, semées d'oasis ; — c'est le pays des plantes tropicales et des palmiers.

De l'est à l'ouest, de la Tunisie au Maroc, l'Algérie se subdivise en TROIS circonscriptions politiques qui, comprenant chacune une portion du Tell et du Sahara, forment nos trois provinces de Constantine à l'est, d'Alger au centre, et d'Oran à l'ouest.

II. — Le Sahel. — Les Côtes.

Le littoral de l'Algérie est partout rocheux, escarpé, presque sans ports. En suivant le rivage, depuis le cap *Roux* (frontière tunisienne) jusqu'au cap *Milonia* (aux confins du Maroc), on remarque :

1º PROVINCE DE CONSTANTINE (EST).

Le cap Roux.	Le golfe et le port de Stora.
LA CALLE.	La baie et le port de Collo.
L'îlot de Tabárque.	Le cap Boujarone.
Le golfe et la ville de BÔNE.	DJIDJELLI.
Le fort Génois.	Le cap Cavallo.
Les Caroubiers.	La ville et le golfe de BOUGIE.
Le cap de Garde. }	Le cap Netsquoub (*Pierre percée*).
— de Fer.	
— Filfida (*cap Vert*).	Le cap Sigli.
PHILIPPEVILLE.	

2º PROVINCE D'ALGER (CENTRE).

Le cap Corbelin.	Baie de SIDI-FERRUCH.
La ville de Dellys.—Le cap Matifou.	CHERCHELL (anc. *Césarée*).
Baie, port et ville d'ALGER.	TENEZ (ancienne *Cartenau*) et son cap.
Pointe de Pescade.	Le cap Khamis.

3ᵉ PROVINCE D'ORAN (OUEST).

La pointe Basse et le cap Ivi.
Mostaganem.
Arzeu et son golfe.
Cap Carbon. — Golfe et ville d'Oran.
MERS-EL-KÉBIR (le Grand-Fort).

Les caps : Falcon, — de Hone, — Noé et Frégalo.
L'île Rachgoun.
NEMOURS (Dejmma-Ghazaouat).
Le cap Milonia.

A part les rades de *Mers-el-Kébir*, d'*Arzeu*, de *Bougie*, du fort *Génois*, et le port d'*Alger*, toutes les autres villes maritimes n'offrent rien d'important. Entre le cap Rosa et le cap de Fer, 2,000 pêcheurs italiens récoltent par année 25,000 kilogrammes (pour 2 millions de francs) de corail.

III. — Orographie : l'Atlas et ses rameaux.

Le massif de l'*Atlas*, qui commence dans le Maroc, traverse toute l'Algérie jusqu'à la Tunisie, en séparant le *Tell* du *Sahara*. Il se compose de trois chaînes parallèles, reliées par une série de chaînons et de *hauts plateaux* dont nous parlerons plus loin.

Sa largeur est de 180 kilomètres dans la province de Constantine, et de 280 kilomètres dans celle d'Oran.

Le *petit Atlas* s'étend de la rivière de Bougie à l'embouchure du Chélif, dans une longueur de 350 kilomètres et s'éloigne à peine de 50 kilomètres de la côte. Ses parties les plus importantes sont le *Djurjura* (2,000 mètres) dans la grande Kabylie ; le *Mouzaïa* qui domine la plaine de la *Mitidja* ; le *Dhara* entre le Chélif et la mer.

Le moyen Atlas commence au golfe de Tunis et finit au détroit de Gibraltar. Ses points culminants atteignent 3,000 mètres, sa hauteur moyenne ne dépasse pas 1,500 mètres. On y remarque le *Ghorra* au sud de la Calle ; les montagnes de *Cons-*

tantine ; les *Bibaux* coupés aux *Portes de Fer* par la route de Constantine à Alger ; les montagnes de *Titri*, de l'*Ouaren-Sénis* qui forment dans le bassin du Chélif un massif qui se relie au petit Atlas.

Le grand Atlas est mal connu : il s'étend du cap Bon (Tunisie) au cap Noun (Maroc, côté de l'Atlantique). On y distingue le massif de l'*Aurès*, province de Constantine.

Noms, situations et hauteurs respectives des principales montagnes.

CHAINE SEPTENTRIONALE.

Versant maritime (TELL)

PROVINCE D'ORAN

Le *Toumzait* (à l'ouest de Tlemcen)....... haut.   1.830 mètres.

PROVINCE D'ALGER

L'*Ouaransenis* (au sud d'Orléansville)............   2.000 mètres
Les M. *Marmata* (au sud de Tunis)............   ..... —
Le *Taguelsa* (à l'ouest de Boghard)............   1.730 —
Les *Dahra* (entre le Chélif et la mer). Le *Zaccar*
   (au nord de Milianah)......................   1.580 —
Le *Djebel-Mouzaïa* dans le petit Atlas, au sud de
   la Mitidja (le col fut forcé par les Français en
   1840)......................................   1.600 —
Le *Jurjura* (entre Alger et Bougie)............   2.000 —
Le *Dirah* (au sud d'Aumale)....................   1.800 —

PROVINCE DE CONSTANTINE

Les *Babord* (entre Djidjelli et Sétif)............   2.000 mètres
Le *Magriz*   —   —   ....   1.700 —
L'*Edougli* (à l'ouest de Bône)....................   ..... —

CHAINE MÉRIDIONALE

Versant du désert (SAHARA)

Le *Djebel-Ksen* (chez les Ouled-Sidi-Seheikh).....   ..... mètres
Le *Djebel-Amour* (au centre)................   1.600 —

Le *Djebel-Sahari* (sous le méridien d'Alger)...... ...... mètres
Le *Djebel-Aurès* à l'est (150 kilomètres de longueur); — on y trouve le Chelika, sommet le
plus élevé de l'Atlas................................. 2.312 —

IV. — Le Tell, ses Plaines. — Les Hauts Plateaux.

Le *Tell* qui, avec les plateaux de l'Atlas, forme la région des terres de culture, présente un vaste amphithéâtre dirigé vers le Nord.

Sa largeur varie entre 80 et 120 kilomètres. C'est une zone montagneuse composée de groupes de hauteurs coupées par des brèches, sillonnées par des torrents.

Des pentes douces, des plaines magnifiques, un sol léger et sablonneux dans les plaines, gras et humide dans les vallées en font un territoire riche et fertile.

Sa surface est accidentée de monts, de vallées et de plaines, dont les principales sont :

Les PLAINES de Constantine, de Bône, de la Medjana. Celle de la Mitidja, au sud d'Alger; celles d'Oran, du Sig, du Chélif et de Tlemcen.

La région des HAUTS-PLATEAUX occupe, entre les deux chaînes, un espace de 60 à 80 kilomètres dans la province de Constantine et de 140 kilomètres dans celles d'Alger et d'Oran. Son élévation est de 12 à 1,500 mètres à l'est, et de 1,000 à 1,200 à l'ouest. — Cette contrée se compose d'immenses prairies plates, sans ombrages, creusées de Chotts (lacs salés), où se déversent toutes les eaux. Çà et là, quelques plans isolés de *bétoum* (pistachier de l'Atlas), et de bois de *cèdre* échappés à la destruction.

Les tribus pastorales du Sahara y trouvent en été, pour leurs bestiaux, d'abondants pâturages formés principalement d'*alfa*.

En hiver, ces éminences sont froides, désertes et couvertes de neige.

En résumé, le *Tell* est la terre d'habitation, cultivable sur presque toute son étendue. Il est pourvu de rivières, de ruisseaux et de sources, produit la viande et les céréales, possède par lui-même les éléments de la vie complète.

V. — Le Sahara, ses Oasis, Déserts, etc.

Le Sahara n'est point un désert de sable nu, infécond, maudit, parcouru par des bêtes féroces : c'est un pays de landes, de pâturages, d'oasis, de ruisseaux et de ravins, qui renferme des populations sédentaires et nomades.

Il est divisé en deux parties par les monts du grand Atlas ; la partie septentrionale est un pays de landes, généralement infertile, inhabité, traversé par de rares cours d'eau qui vont se perdre dans des lacs salés appelés *Chotts* et *Sebkhas*. La partie méridionale est un pays abondant en eaux souterraines et rempli d'oasis ; elle se compose de grandes plaines et de larges bassins dont le fond est occupé par des lacs marécageux ou salés.

Cette région, inclinée de l'est à l'ouest, se compose de : *Falats*, territoires tout à fait stériles et déserts ; de *chotts* et de *sebkhas* ou lacs salés ; de *fiafis* ou oasis peuplées et cultivées, et de *landes* que les Arabes nomades parcourent avec leurs troupeaux.

Les oasis, arrosées par quelques filets d'eau permanents, provenant de puits artésiens ou de sources, sont très-bien irriguées et cultivées.—Le dattier, ce roi des oasis, est la grande ressource du Sahara ses fruits sont la base de la nourriture des hommes et parfois des animaux ; son bois, le seul que l'on y rencontre, est employé à tous les usages. — Les oasis sont habitées par des populations agricoles sédentaires, de race berbère et soumises aux Arabes nomades, maîtres de toute la région.

Les *steppes*, ou terres de parcours, se couvrent, sous l'influence des pluies d'hiver, d'une végétation herbacée qui nourrit les troupeaux des Arabes.

De mai à octobre, ces plaines sont privées d'eau et d'herbes ; aussi, dès le mois d'avril, les nomades se dirigent vers le nord, conduisant leurs moutons sur les Hauts-Plateaux, et arrivent sur la frontière du Tell après la moisson. C'est alors que se tiennent les grands marchés de *Sebdou*, de *Tiaret* et de *Djafras*, près de *Saïda*, où les nomades du Sahara échangent leurs dattes et les étoffes de laine contre le blé, l'orge et le beurre du Tell, et contre diverses marchandises européennes. — Les Sahariens redescendent dans leurs steppes en octobre après les premières pluies. A ce moment, la récolte des dattes est faite dans les oasis. Les habitants sédentaires peuvent échanger ces fruits avec les nomades contre les produits rapportés des marchés du Tell.

VI. — Hydrographie : rivières, torrents.

Les rivières de l'Algérie ne sont presque que des torrents plus ou moins considérables qui débordent l'hiver et se dessèchent en été. On les utilise comme force motrice pour les usines et pour les irrigations.

Les principales rivières sont :

DANS LE TELL (versant maritime).

PROVINCE D'ORAN

1° Le **Chélif**, le plus grand cours d'eau de l'Algérie (450 kil.). Il sort de l'Ouanranseri, traverse une partie de la province d'Alger, passe à Orléansville ; reçoit, à sa gauche : le *Deurdheur*, l'*Ouad-Rouina*, l'*Ouad-Fodda*, l'*Ouad-Isly*, l'*Ouad-Riou* et la *Mina*, puis se jette à la mer près de Mostaganem.

2° La **Mactah**, formée par le *Sig* et l'*Habra*.—Le général Trézel fut battu sur ses rives en 1835.

3° La **Tafna** prend sa source près de Sébdon et vient finir en face de l'île Rachgoun. Elle a plusieurs affluents : à droite, la *Sikkah*, qui passe près de Tlemcen; à gauche, l'*Isly*, célèbre par la victoire du maréchal Bugeaud (1844). — C'est vers son embouchure que fut signé (le 30 mai 1837) un fameux traité entre l'Emir Abd-el-Kader et le général Bugeaud.

PROVINCE D'ALGER

1° Le **Mazafran**, formée par la réunion de l'*Ouad-Djer* et de la *Chiffa*, a son embouchure près d'Alger, à l'ouest de Sidi-Ferruch. Son cours est rapide, ses eaux peu profondes, ses berges assez élevées ; de nombreux combats ont été livrés sur ses rives.

2° L'**Aratch**, l'**Harrose** et le **Boudouanou** arrosent la plaine de la Mitidja.

3° L'**Esser**, le **Sébaou** et le **Sahel** traversent la Kabylie; ces deux rivières arrivent à la mer aux environs de Dellys.—Le Sahel a son embouchure près de Bougie; ces affluents sont : le *Bon-Sellam* et l'*Ouad-Mahir*; ce dernier traverse le défilé des Portes-de-Fer.

PROVINCE DE CONSTANTINE

1° Le **Rummel** (*rivière de Sable*). Franchit à Constantine une gorge très-pittoresque; il est formé à cet endroit par l'*Ouad-Zaouch* (eau des Moineaux), et l'*Ouad-Bou-Merzouy* (*flot d'abondance*) et l'*Ouad-Kebir* (*grande rivière*).

Le **Saf-Saf** se jette dans le golfe de Stora (Philippeville).

La **Seybouse** passe vers Guelma et se jette à la mer de Bne.

La **Medjerdah**, après avoir arrosé la province de Constantine, passe dans le royaume de Tunis.

DANS LE SAHARA (Versant du désert)

Ouad-Djeadi, coule de l'O. au S.-E., descend du Djebel-Amour sous le nom de *Ouad-Mzi*, passe à El-Aghouat, arrive dans les Zibans, pays semé d'oasis fertiles et peuplées et, après un cours de 500 kilom., se jette dans le grand lac salé de *Melghirgh*.

Le grand cours d'eau du Sahara au S.-O. est l'*Oued-Seggar* ou *Brizina* qui traverse des pays peu connus et finit dans le Maroc.

VII. — Lacs, Sebkhas ou Chotts et Dayas.

Une *sebkha* ou *chott* est un enfoncement rempli d'eau ou à sec suivant la saison. — Ils sont salés; — les phénomènes du *mirage* sont fréquents à leur approche.

Les *dayas*, dans le Sahara, sont des marés ou flaques d'eau temporaires.

LACS PRINCIPAUX

Dans le Tell : —Le *lac Fetzara*, au sud-ouest de Bône, et la *Sebkha d'Oran*.

Dans les hants plateaux. —Les *Chott-el-B'arbi* et *El-Cher-gui* dans la province d'Oran ; —les deux *Sebkhas Zahrez*, dans la province d'Alger ; — le grand *Chott de la Hodna*, dans la province de Constantine, le lac de *Tarf*, dans le pays des Haràotas.

Dans le Sahara algérien : —La *Sebkha-Melghirg*, qui reçoit l'Ouad-Djeadi et se compose d'un lac salé et de vastes espaces de sables. — Son fond est abaissé de 6 mètres au-dessous du niveau de la mer, et s'étend à l'est jusque dans le Sahara tunisien.

VIII. — Divisions territoriales et administratives.

Le gouvernement de l'Algérie comprend : trois grandes divisions ou provinces, ALGER, CONSTANTINE, ORAN, quinze subdivisions et quarante cercles. — Un gouverneur général l'administre sous les ordres du ministre de la guerre. — Les territoires civils sont administrés comme en France. Chacune des provinces de l'Algérie se subdivise en *territoires civils* et *territoires militaires*. Les territoires militaires sont ceux où l'élément européen étant noyé dans l'élément indigène, l'administration est entièrement confiée à des officiers supérieurs assistés de *bureaux arabes* pour les affaires qui concernent spécialement les indigènes. Ces bureaux arabes sont chargés, sous le contrôle des commandants de divisions, subdivisions et cercles, de tout ce qui intéresse l'administration des tribus, de la direction et de la surveillance des agents indigènes, des impôts, de la police, etc.

Chaque province forme un département régi, comme *territoire civil*, par un préfet, et, comme *territoire militaire*, par le commandant de la division. — Cette dernière juridiction ne concerne que les indigènes, dont les chefs (*Khalifs, Agas, Kaïds, Cheiks,* etc.), sont nommés par le gouvernement sous la surveillance des *bureaux arabes* composés d'officiers français.

L'Algérie présente deux régimes distincts de la propriété. A côté de la propriété *individuelle* des Européens, réglée par notre Code civil, se trouve la propriété *collective* des Arabes régie par le *Coran.* La *justice* est rendue dans le canton par le juge de paix; dans l'arrondissement par un tribunal de première instance qui ressort de la Cour d'appel d'Alger.—Il y a pour les musulmans des tribunaux présidés par un *mufti.* Dans chaque département, une Cour d'assises.—Les administrations *maritime* et *financière* sont calquées sur celles de la France.

Un décret du 14 juillet 1865 a déclaré français et aptes aux emplois civils les indigènes et les a admis à faire partie des armées de terre et de mer.

Impôts. — Les indigènes payaient jadis leurs redevances en nature; ils les soldent aujourd'hui en espèces.

L'*achour* est la dîme sur les céréales; — le *hockor,* loyer de la terre, ne se paye pas partout; — le *zckkat* est l'impôt sur les troupeaux; — le *lezma,* une sorte d'impôt sur le capital. Les tribus du Sahara y sont seules sujettes.

IX. — Province et département du Centre.

Superficie : 11,300,000 hectares. — Un million d'habitants.

Chef-lieu : ALGER

Sous-Préfectures : BLIDAH, MÉDÉAH, MILIANAH.

Alger, en arabe *Al-djezaïr* (les îles), ancienne *Icosium;* son nom lui vient d'une île reliée par un môle à la ville, du temps de *Barberousse.*

Capitale de l'Algérie : 65,000 habitants.

Elle s'élève en amphithéâtre sur le penchant d'une colline, au fond d'une vaste baie ouverte aux vents du Nord. — Maisons ornées de superbes terrasses, rues arabes étroites, malpropres. — On y remarque l'ancien palais du Dey, de nombreuses mosquées, dont une fut construite en 1790 par les esclaves chrétiens; la citadelle de la *Casbah*; les rues françaises de *Babazoum*, de la *Marine*, de *Bab-el-Oued*, et la *place du Gouvernement*.

Le port d'Alger est très-fréquenté, mais il est petit et peu profond, et ne peut tenir que les vaisseaux marchands. On a construit un port militaire au moyen d'une grande jetée. Il est défendu du côté de la mer par les forts de la *Marine*; à l'E. par le fort *Babazoum*; à l'O. par le fort de *Vingt-quatre Heures*. Le fort de l'*Empereur* domine et protége la ville. — Évêché; — Cour d'appel, tribunal de première instance et de commerce; académie universitaire, lycée; collége arabe-français; musée, théâtres. — Fabrication d'armes à feu, soieries, orfévrerie, calottes tunisiennes, cuirs, etc. — Le trajet d'Alger à Marseille se fait en quarante-huit heures. Partent d'Alger plusieurs lignes de chemins de fer.

PRINCIPALES LOCALITÉS DU TELL

1re subdivision d'Alger.

SAHEL.

Sidi-Ferruch, village de la côte, sur une petite presqu'île, où débarquèrent les Français (14 juin 1830).

Staouéli, vaste plaine. — Première victoire des Français (19 juin 1830).

Douera, sur la route d'Alger à Blidah. — 1,000 habitants.

Koléah, petite ville fortifiée qui défend le Sahel.—2,000 hab.

MÉTIDJA

Blidah.—Quartier général, ville fortifiée, sur un affluent du Mazafran ; commerce d'oranges. — 8,000 hab.

Bouffarik, marché agricole français. — 4,000 hab.

Fondouch, l'*Arba* et *Marengo*, grands villages agricoles (marchés).

2e subdivision, 4 cercles.

Dellys.—Ville fortifiée avec un port qui est le débouché de la Kabylie. 2,500 hab. — *Fort-Napoléon*, construit en 1857.

Tiziouzou, port militaire. 2,000 hab. — *Dra-el-Mizan*, port militaire.

(*Aït-Lhassen* et *Kouko* appartiennent aux *Beni-Yenni*, les plus industrieux des Kabyles.)

3e subdivision.

Aumale, ville bâtie en 1846, importante par sa position à l'entrée de la grande Kabylie.

4e subdivision, 3 cercles.

Médéah (Ad Medios), ancienne cap. du Beylik de Tittery.— 7,000 hab. (Prise par les Français en 1830 et en 1837.)

Mouzaïa (fonderie de cuivre). — *Boghar*, port militaire, limite du Tell. — Le Bordj (citadelle) de *Taguin*, sur la gauche du haut Chélif, où la Smala d'Ab-el-Kader fut enlevé par les Français en 1843.

5e subdivision, 3 cercles.

Milianah, ville fortifiée. 5,000 hab. — *Teniet-el-Hâad*, poste milit., limite du Tell.

Cherchell, petite ville, assez bon port : occupée par les Français depuis 1840 et fortifiée.

6e subdivision, 2 cercles.

Orléansville, sur le Chélif, ville nouvelle et fortifiée, dans une plaine fertile. 1,500 hab. — *Tenez*, ville marit. 2,600 hab.

DANS LE SAHARA CENTRAL

Oasis des Ksours. — El-Aghouat, 3,000 européens et indigènes, commerce important, la cité la plus forte du pays ; prise par les Français en 1851.

Tadjemont, petite ville sur l'Ouad-Mzi ; fabriques de kaïks et burnous.

Aïn-Madhy, petite ville fortifiée, prise en 1838 par Abd-el-Kader, après un siége célèbre.

Oasis de Beni-Mzab.—*Ghardeïa*, 12,000 habitants, capitale de l'oasis qui renferme aussi *Guerrara* et de nombreux Ksours (villages fortifiés).

Territoire des Chambas, importante tribu arabe. — *Metlili*, 1,600 hab.

Avec le Ksour d'*El-Golèah*; — *Ouargla*, 5,000 hab., soumise à la France en 1845.

La route de El-Aghouat à Médéah, par Boghar, est semée de *caravansérails* (hôlelleries pour les voyageurs):

X. — Province et département de l'Est.

Superficie : 17,500,000 hectares. — Un million et demi d'habitants

Chef-lieu : CONSTANTINE.

Sous-préfectures : BONE, GUELMA, PHILIPPEVILLE, SÉTIF.

Constantine (*Cirtha* des Numides, — *Constantina* des Romains, — *Kossentina* des Arabes). — 35,000 habitants, dont 10,000 Européens. — Quartier général de la division militaire et préfecture.

Ville très-forte, sur une presqu'île élevée et contournée par le Rummel. — Fabriques de sellerie, mors, fers à cheval, instruments aratoires, bottes et burnous, etc. — Les Français l'ont prise d'assaut le 13 octobre 1837, après une attaque malheureuse en 1836.

PRINCIPALES LOCALITÉS DANS LE TELL

1re subdivision, 5 cercles, y compris Constantine.

Aïn-Beda, grand village chez les Hareatas. — *Philippeville* (Russicada, fondée en 1838). 10,000 hab., place forte et sous-préfecture.

Tebessa (Theverte), v. arabe. 2,000 hab. (laines). — *Djidjelli* (Igilgiles), v. marit., 2,000 hab., occupée en 1864.

Collo, v. maritime. — *El-Arrouch*. — *Milah*, 2,500 hab. — *Djimila* (Gemelle), arc de triomphe romain. — Le port de Philippeville est à *Sttora*, à 4 kilom. N.-O de la ville, petite ville avec un bon mouillage.

2e subdivision, 4 cercles.

Bône (Beled-el-Aneb, ville des Jujubes), jolie cité maritime et commerçante, 14,000 hab. — A droite, sur la Seybouse, les ruines d'Hippone, capitale des rois numides et siége épiscopal de saint Augustin. — A 8 kilom., le fort Génois, petit mouillage pour les vaisseaux marchands. La population du pays, industrielle et paisible, a facilement accepté la domination française. Le territoire est fertile et a des mines de fer, des forêts.

La Calle, v. marit., 1,200 hab. (française depuis 1594); —centre de la pêche du corail. — A quelque distance les ruines du *Bastion de France* fondé au xvie siècle.

L'Alélik, forges et hauts fourneaux. — *Guelma* (Calama des Romains), 4,000 hab.; à 5 lieues de là sont les bains de *Hammard-Meskoutin* (eaux thermales).

3e subdivision, 2 cercles.

Batna, au pied de l'Aurès, 2,000 hab. garde le plateau des Sbakh et les passages de l'Aurès. — *Biskra*, capitale des Zibans, commandée par le fort *Germain*, 4,000 hab.

Dans cette subdivision sont comprises :

Lambessa sur les ruines de l'ancienne ville romaine de *Lambœsis*; dans ce village ont été déportés, en 1848, un grand nombre de condamnés politiques; on y a fondé depuis un pénitencier militaire.—*El-Kantara* (le pont), village arabe sur l'Ouad-Biskra, que l'on traverse sur un beau pont romain.

Zaatcha, emportée par les Français le 29 novembre 1849

4e subdivision, 4 cercles.

Sétif (ancienne Sitifis), relevée par les Français en 1839, ville forte et commerçante, garde la route d'Alger à Constantine et l'entrée de la Kabylie, 3,000 hab.

Bougie (Säldæ), ville maritime, 3,000 hab., assez bon mouillage.

Boussada, ville arabe, dans une oasis de l'Hodna, 3,000 hab., position importante qui relie le Sahara méridional aux villes du Tell.

On y trouve encore : *Msilah*, dans le Hodna, petite ville arabe industrielle.

DANS LE SAHARA ORIENTAL

Oasis des Ouled-R'ir (soumise à la France en 1854), gouvernée par un Cheikh ou sultan arabe, chef de nombreuses tribus nomades mettant sur pied de guerre 3 à 4,000 hommes.

Capitale *Tougourt*, 3,000 hab.; grand commerce, sol fertile mais marécageux.

Villes principales : *Temaeni*, 3,000 hab.; — *Mégarriu*; — *Tamerma*, 700 hab. En 1857, les Français y percèrent le premier puits artésien du Sahara. — Ils en ont percé depuis beaucoup d'autres. — « Sous l'influence bienfaisante de l'eau, le désert se transforme; d'anciennes oasis abandonnées sont rétablies, de nouvelles sont créées; des villages et des plantations de dattiers sont fondées par des nomades qui deviennent sédentaires, ou par des serfs berbères, qui deviennent propriétaires de l'eau et du sol. »

Le **Souf** a pour capitale *El-Oued*, centre d'un commerce important.

XI. — Province et département de l'Ouest.

10,120,000 hectares. — 102,000 habitants.

Chef-lieu : ORAN

Sous-Préfectures : MASCARA, MOSTAGANEM, TLEMCEN.

Oran, place forte et ville maritime (20,000 hab.), bâtie au fond d'une baie grande mais peu profonde, sur le versant oriental d'une montagne et les deux rives de l'Oued-el-Réabhi. — Voisine du Maroc et de l'Espagne, Oran doit son importance commerciale à son port de *Mers-el-Kébir*, où les vaisseaux de haut bord trouvent un mouillage sûr.

Oran est la meilleure station maritime et la position militaire la plus importante de l'Algérie

PRINCIPALES LOCALITÉS DANS LE TELL

1re subdivision, cercle d'Oran.

Miserghui, petite ville sur la Sebkha d'Oran. — *Aïn-Temouchen* (Tinini), 1,100 hab. — *Aïn-el-Truk*, village maritime, bon mouillage.

Arzeu (Portus divinus), 1,500 hab.; excellent port. — *Saint-Cloud.*— *Saint-Denis-du-Sig*, 3,200 hab.; important marché agricole et colonie florissante.

2e subdivision, 2 cercles.

Mostaganem, v. maritime et commerçante. 8,500 hab..
Ammi-Moussa, poste militaire sur l'Oued-Riou.
Dans cette subdivision sont comprises : — Mazagran, bourg maritime de 850 hab. En 1839, une petite garnison française s'y défendit bravement contre plusieurs milliers d'Arabes.—*Mazouna*, dans le Dahra, 2,500 hab. — *Rélizane*, sur la Mina. — *Sidi-bel-Hacel*, poste militaire.

3e subdivision, 2 cercles.

Sidi-Bel-Abbès, fondée en 1849, sur le Sig
Daya, poste militaire, sur la limite du Tell.

4e subdivision, 4 cercles, dont 1 Gheryville, dans le Sahara.

Mascara, fabrique de burnous noirs, kaïks et tapis renommés,
8,000 hab.

Tiaret, Saïda, postes militaires à la limite du Tell. — Grands
marchés annuels avec le Sahara.

À l'ouest de Tiaret : *Tagdempt*, ville arabe sur la Mina ; — au
sud-est, sur les hauts plateaux, le Ksour de *Goudjilah*.

5e subdivision, 4 cercles.

Tlemcen (Pomariades-Romains, cap. d'un État musulman au
moyen âge), ville forte, bâtie sur des escarpements et accessible
d'un seul côté, 13,000 hab. (grands marchés).

Nembur (Djemma-Ghazaouat, poste des pirates), 12,000 hab.,
importante à cause du voisinage du Maroc.

Sebdou, poste militaire ; marchés annuels entre les gens du
Tell et ceux du Sahara.

Lalla-Maghrnia, poste milit. sur la frontière du Maroc. — On
y voit aussi : *Nedroma*, petite ville marit., 1,200 hab. ; et *Sidi-
Brahim*, célèbre marabout, où les Français furent trahis et massacrés (21 septembre 1845) sous la conduite du colonel de Montagnac.

DANS LE SAHARA OCCIDENTAL

Geryville (El-Biod), poste militaire important. — Dépendant
de la subdivision de Mascara.

Stitteu ; — *Rassoul* ; — *Brizina* ; — les deux *Arba* ; — les deux
Chellala, ksours arabes ; — El-Abiod-Sidi-Cheïk, lieux de pèleri-
nage très-fréquentés par les Musulmans au sud de l'Arba ; —
Taoulala, un des ksours principaux du Djebel-Amour.

XII. — Archéologie : ruines, curiosités historiques, aqueducs, etc.

Partout l'Algérie abonde en superbes ruines, ci-
ternes, aqueducs, voies romaines, colonnes, sta-
tues et inscriptions qui rappellent la domination
romaine. — Les principales villes anciennes sont :

DANS LA PROVINCE DE CONSTANTINE : — *Hippône*
(Bône), patrie de saint Augustin ; — *Calama* (Guelma) ;

— *Cirta* (Constantine); *Thaveste* (Tebessa); — *Lambasis* (Lambessa); — *Mileoun* (Milale); — *Russicada* (Philippeville); — *Collops-Magnus* (Collo); — *Igildilis* (Djidjelli); — *Saldæ* (Bougie); — *Sitifis* (Sétif).

DANS LA PROVINCE D'ALGER : — *Russuccurum* (Dellys); — *Auzia* (Aumale); — *Cæsaréa* (Cherchell); — *Malliana* (Milianah); — *Cartenæ* (Tenez). — Les quatre aqueducs qui alimentent les fontaines d'Alger sont ceux : du *Haunua* (construit par Sta-Moussa en 1622); — de *Telemli*; — d'*Aïn-Zebondja* et de *Bitrari* amenant les eaux du fort de l'Empereur.

DANS LA PROVINCE D'ORAN : — *Portus-Divinus* (Arzeu); — les ruines sur lesquelles s'élève la *ferme d'Arbal*; — *Tisni-Colonia* (Aïn-Témouchent); — nombreux vestiges à l'embouchure de la *Tafna*, entre la baie des Andalouses et l'île de Raschgoun; — ruines mauresques de *Tlemcen*, ancienne capitale de ce royaume.

D'innombrables vestiges de villes moins connues gisent à travers le territoire algérien, notamment dans la province de Constantine la plus rapprochée de l'Italie.

Des musées existent dans plusieurs villes de la colonie, et s'agrandissent chaque jour par l'adjonction de nouvelles richesses archéologiques.

XIII. — Climat.

Le voisinage de la mer, dans le *Tell*; l'altitude du sol, sur les *hauts plateaux*; la proximité du Grand-Désert, *dans le Sahara*, font varier la température dans ces trois régions.

Dans le Tell, même climat que dans le Midi de la France. — Août est le mois le plus chaud; février, le plus froid. — Le thermomètre ne dépasse pas

35 et 40° en été et 3° en hiver. — La neige y couvre souvent les montagnes.

Sur les plateaux, on se croirait dans nos contrées du nord : été sec et chaud comme dans le Tell, hiver froid, pluvieux, neiges abondantes.

Dans le Sahara, il n'y a que deux saisons. — En été, à Tongourt, la chaleur monte jusqu'à 51°. — Le sable chauffé par le soleil brûle littéralement les pieds aux hommes et aux animaux. — Nuits très-fraîches pendant les grandes chaleurs. — L'hiver, de novembre à mars, est l'époque des pluies.

Le *simoun* et le *sirocco*, vents brûlants du désert, qui engloutissent parfois des caravanes entières, soufflent douze ou quinze fois chaque été, transportant des nuées de poussière sablonneuse. Jusque dans le Tell, ce vent brûlant fait monter la température à 60 et même 65°, ce qui cause des maladies mortelles. Le passage du fléau ne dure heureusement que deux ou trois jours au plus.

Malgré tout, le climat de l'Afrique septentrionale est un des plus beaux, des plus agréables, des plus sains qui existent. — L'atmosphère est pure, les brouillards sont rares. — La phthisie pulmonaire y trouve mieux qu'en Italie sa guérison assurée.

XIV. — Sol, composition des terrains.

La composition géologique du Tell, même dans les montagnes, présente des calcaires anciens alternés avec un schiste talqueux ; puis, des marnes schisteuses avec des calcaires secondaires ; enfin des calcaires grossiers avec des marnes blanchâtres, et des sables ferrugineux reposant sur des marnes bleues gypseuses.

Les plaines dont le sol est formé de ce terrain

(surtout aux environs d'Oran) sont d'une grande
fertilité.

Des roches volcaniques, laves, ponces, tra-
chites, etc., se rencontrent surtout dans les montagnes.

RÉPARTITION DU SOL ALGÉRIEN

TELL

Terres cultivées.	2.000.000	
Pâturages.	4.300.000	
Maquis. . . —.	5.900.000	15.000.000
Forêts.	1.800.000	
Marais, Lacs, Rivières. . . .	1.000.000	

SAHARA

Oasis.	100.000	
Landes et steppes.	31.000.000	32.000.000
Rochers, lacs, rivières. . .	900.000	

TOTAL.	47 millions d'hect.

XV. — Mines et Carrières.

Le *fer* abonde, surtout dans les monts Edough,
près de Bône; — le *cuivre*, à Mouzaïa (Tenez); —
le *plomb*, dans la Kabylie; — l'*antimoine*, dans le
massif de Constantine; — le *zinc*, aux environs
d'Oran; — l'*argent* est quelquefois mêlé au cuivre
et au plomb; — l'*or* a été reconnu surtout dans les
ravins du Petit Atlas, et dans les minerais de Kéf-
oum-Thabouf. — Les montagnes jusqu'ici peu ex-
plorées renferment assurément dans leurs flancs
de nombreuses richesses minérales.

La France qui, chaque année, achète à l'étranger pour 30 millions de fer, 50 millions de cuivre,
13 millions de plomb et 14 millions de zinc, trouvera probablement dans sa colonie algérienne tous
les métaux qui lui manquent aujourd'hui.

Les CARRIÈRES fournissent : la pierre à bâtir, le
plâtre, la *chaux*, l'argile à poterie, la terre à brique,

la pouzzolane, le gypse, *onyx translucide* (albâtre antique), et enfin un beau marbre blanc, à l'est de Philippeville.

On cite les *eaux minérales* de Hammun-Meskoutin (bains maudit*s*); ces eaux très-chaudes, chlorurées sodiques, attirent de nombreux malades atteints de rhumatismes, d'affections cutanées, etc.

XVI. — Végétaux et Cultures.

L'Afrique, jadis le *grenier des Romains*, a conservé sa fertilité en céréales. —Non irrigué, l'hectare rapporte de dix à douze hectolitres; il en produit de vingt à trente, et peut même dépasser ce chiffre, convenablement arrosé. — Quand les pluies d'hiver ont rafraîchi les racines des plantes, aux premières chaleurs du printemps, tout pousse, avec une vigueur *furieuse*.—Le cavalier qui traverse les plaines disparaît, homme et cheval, perdu dans les herbes.—Les foins atteignent une hauteur de un mètre dans les terres riches; et, jusque sur les montagnes, la faux peut les abattre à volonté. La nature a plus de part que la culture à la récolte dans ces oasis du Tell, plantés d'arbres fruitiers, où règne l'eau, la fraîcheur et la fertilité.

FLEURS pour essences et parfums : jasmins, géranium, rosat, lavande, menthe, réséda, romarin, tubéreuse, verveine, basilic, mélisse, sauge, œillet, marjolaine, héliothrope, casie et germandrée, etc., poussent à l'envie, surtout aux environs de Blidah et d'Alger.

FRUITS, dans le Tell : — Abricots, amandes, figues, pistaches, grenades, jujubes (Bône), caroubes, pêches, poires, prunes, cerises; vignes grimpantes pour vins et raisin sec (Médéah), etc.

Blidah exporte en France, par année, une dizaine

de millions d'*oranges*, *citrons*, *limons*, *cédrats et chinois*.

L'*olivier* est cultivé en grand par les Kabyles qui en tirent une huile grossière vendue aux savonneries de Marseille.

Tous les fruits de l'Italie, de l'Espagne et de la Sicile abondent en Algérie.

LÉGUMES de primeurs et ordinaires : fèves, haricots, pois, lentilles, orge, pommes de terre, de même qu'en France.

Les PRAIRIES artificielles du Tell sont composées de *sainfoin* et de *luzerne*. — On trouve dans cette contrée le palmier-nain qui donne un crin végétal, et qui, comme l'alpha et le diss, sert à fabriquer du papier.

Le TABAC est très-bien cultivé. — L'administration française en tire annuellement pour 8 à 10 millions. — Sa production est libre et exempte d'impôt.

Le COTON, la SOIE et la COCHENILLE, n'ont pas encore complétement répondu aux premières espérances.

Les DATTES sont la richesse du Sahara, qui produit aussi des légumes et des fruits : abricots, figues et grenades ; melons, potirons ; un peu d'orge, pommes de terre, etc.

XVII. — Bois et Forêts.

Bien que ravagée par les incendies et dévastée par les troupeaux, l'Algérie contient encore *un million huit cent mille* hectares de bois. — Les montagnes de l'Atlas en renferment la majeure partie.

Voici les principales essences pouvant servir aux arts et à l'industrie : (*Sculpture, ébénisterie, menuiserie, charpente, constructions navales*, etc.

Chêne Zéen.	Aulne.	Myrte.
— Liége.	Amandier.	Arbousier.
— Vert.	Houx.	Laurier-Rose.
— Ballotre.	Olivier.	If.
— Kermès.	Thuya.	Térébinthe.
Orme.	Genévrier.	Pistachier.
Châtaignier.	Citronnier.	Azérolier.
Cèdre.	Erable.	Nerprun.
Pin.	Jujubier.	Ciste frutescent.
Noyer.	Palmier-Dattier.	Genêt.
Peuplier.	Bruyère arborescente.	Phillyréas.
Platane.	Lentisque.	

Les mâquis algériens produisent toutes ces essences, mais à l'état rabougri.

XVIII. — Bétail, Bêtes fauves, Animaux divers.

Indépendamment de nos animaux domestiques, on trouve en Algérie :

Le CHAMEAU et le DROMADAIRE, très-nombreux dans le Sahara. — Le *mehari* sert pour les courses ; le *djemel*, pour les transports. — Leur chair et le lait des *chamelles* entrent pour une grande part dans l'alimentation. — Avec leur poil on fabrique des cordes, des tissus pour les tentes et pour les vêtements ; leur peau sert à faire des selles et des chaussures ; — leur fiente même, desséchée, devient un excellent combustible, et les Arabes fument avec cet engrais le pied de leurs palmiers.

Le CHEVAL algérien, quoique petit, est bien fait, sobre, docile, infatigable ; — il descend de la race numide si renommée dans l'antiquité.

L'ANE et le MULET sont répandus surtout dans la province de Constantine.

La RACE BOVINE est mal soignée par les Arabes ; — leurs vaches sont mauvaises laitières.

Le MOUTON est la bête dont on tire le plus de

profit. — L'Algérie exporte de 6 à 7 millions de laine-commune, valant de 18 à 20 millions de francs : — Ce chiffre pourrait être triplé !

On compte :

200.000 chameaux.	10.000.000 de moutons.
140.000 chevaux.	3.500.000 chèvres.
140.000 ânes et mulets.	10.000 porcs.
1.000.000 de bœufs.	

FAUVES : — Trois espèces de lions, mais peu nombreux : — les roux et les gris ne diffèrent que par leur couleur ; les noirs sont plus rares, plus forts, mais moins grands.

Les panthères habitent le littoral et les plateaux ; — elles vivent de chasse, fuient l'homme et se jettent rarement sur les troupeaux.

La hyène déterre les morts, se nourrit de charogne, et au besoin d'immondices.

Le chacal tient du renard et du loup. — Les fruits, les légumes, la volaille et le gibier souffrent beaucoup de ses dégâts ; — il rôde autour des douars et des villes.

Les *léopards*, *onces*, *lynx*, *chiens*, *chats*, *renards*, *loups* ; — les *rats*, *gerboises*, *porcs-épics*, *lièvres*, *hérissons*, le *sanglier*, l'*antilope*, la *gazelle*, le *singe* et l'*autruche*, sont aussi très-nombreux.

Les *oiseaux* sont les mêmes que les nôtres ; ainsi que les *poissons* de mer et d'eau douce. — Les mares fourmillent de petites *sangsues*.

Les *sauterelles* causent parfois de grands ravages et détruisent les moissons ; elles sont apportées du Sahara par le vent du Sud. — Les *moustiques*, *punaises*, *tarentules*, et les *puces* surtout sont de véritables fléaux pour l'épiderme délicat des Européens.

— Les *scorpions* et les *reptiles* sont très-communs, mais leur piqûre est peu dangereuse. — Le *coffea*, la *vipère* et le *céraste*, ou vipère à cornes, ne se rencontrent que dans le Sahara.

On y trouve des *lézards, crapauds, caméléons, tortues, abeilles*.

Parmi les zoophytes, citons particulièrement le *corail* et l'*éponge*, dont la pêche est une des richesses de notre colonie.

XIX. — Population.

RACES. — LANGUES. — RELIGIONS.

La population est répartie de la manière suivante : dans la province de Constantine, d'une superficie de 175,000 kilomètres carrés, on compte 1,375,000 habitants et une population européenne de 43,000 habitants ; dans la province d'Alger, pour une superficie de 113,000 kilomètres carrés, on compte 855,000 habitants et une population européenne de 64,000 habitants ; dans la province d'Oran, pour une étendue de 102,000 kilomètres carrés, la population indigène est de 547,000 habitants et la population européenne de 64,000 hab.

La population indigène se compose d'Arabes, de Kabyles ou Berbères, de Maures, de Turcs, de Juifs, de Koulouglis et de Nègres.

Le nombre des Français, non compris l'armée, est estimé à 120,000 hab. ; mais il tend à augmenter depuis 1871. — Un assez grand nombre d'Alsaciens et de Lorrains ont mieux aimé aller coloniser l'Algérie que rester dans un pays qui n'était plus la France. (Ils ne manqueront pas de contribuer puissamment à la prospérité de ce beau pays.)

Il ne reste que très-peu de *Turcs*. — Les *Italiens* et les *Maltais* se fixent de préférence dans la province de Constantine ; — les *Espagnols*, dans celle d'Oran. — Sur 220,000 Européens, on trouve à peine

25,000 colons qui cultivent la terre ou qui séjournent sur leurs domaines.

LANGUES. — Le *français* est la langue officielle; le maltais et l'espagnol sont également en usage chez les colons ; les Arabes, les Juifs et les Maures parlent l'arabe. C'est aussi la langue religieuse des Kabyles, dont l'idiome berbère est lui-même divisé en plusieurs dialectes plus ou moins imprégnés d'arabe.

RELIGION. — Les Arabes, les Kabyles, les Maures, les Turcs et les Koulouglis sont musulmans. — Il y a en Algérie 220,000 chrétiens (catholiques, protestants, etc.) et 30,000 juifs.

XX. — Ethnologie.

TYPES. — CARACTÈRES. — ORGANISATION SOCIALE, ETC.,
DES INDIGÈNES.

Les JUIFS, comme partout, s'occupent en Algérie de transactions commerciales ; ils portent le *chachia* (bonnet) violet, le *turban* noir, le *séroual* (culotte bouffante), et le veston de couleurs sombres.

Les NÈGRES, peu nombreux, sont d'anciens esclaves ou fils d'esclaves émancipés par la République française (1848); ils sont vaillants et laborieux; affectionnent les vêtements blancs ; sont marchands de chaux ou de farine, badigeonneurs, etc. — Il y a quelques *mulâtres* nés du mélange d'arabes et de nègres.

Les KOULOUGLIS proviennent de l'ancienne milice turque, composée d'affranchis mariés à des femmes arabes ; — ils ont été les premiers à se rallier à la domination de la France. Comme les Maures et les Turcs, ils se coiffent du *chachia* rouge autour duquel s'enroule un turban couleur chair. — Une double veste, le *séroual* maintenu sur les hanches par une ceinture écarlate, complètent leur costume.

Les Maures, lâches, perfides et peu nombreux, habitent plus spécialement les villes du littoral et s'y livrent au commerce et à l'industrie. — Ils ont de beaux yeux, de belles dents, la peau blanche; le visage plus plein, le nez moins aigu que les Arabes. — Malgré l'identité de costume, on reconnaît le Turc à l'arrogance de son maintien; le Maure à son air *bourgeois*.

Les Arabes appartiennent à la race sémitique ou d'Asie. — Ils sont petits, maigres, basanés; intelligents et graves, fanatiques, hospitaliers, mais pillards. — Couverts de leurs triples chachias rouges, ils drapent leurs *burnous* blancs par-dessus leurs longues *gandouras* (chemises); leur *kaïk* (voile) blanc flotte sur leurs épaules. — Ils habitent le Tell et le Sahara, ainsi que les Kabyles. — La province d'Oran est la plus arabe : c'est aussi la plus insoumise, la plus mal cultivée et la plus pauvre. — Presque tous (surtout les Bédouins) mènent la vie nomade. — La paresse est le défaut dominant de ces peuples.

Les enfants et les serviteurs groupent leurs *gourbis* autour de celui du père pour former un *douar* (village); — plusieurs douars composent une *ferka*, obéissant à un *cheik*; — la *tribu*, commandée par un *kaïd*, comprend un certain nombre de *ferkas*; — une réunion de tribus constitue un *aghalik* relevant d'un *khalifat*.

La terre arabe est répartie en trois catégories : le domaine de l'État (*beylick*); — la propriété de la tribu (*areh*); — les champs (*melk*) indivis entre les membres de la tente. — Comme au temps des patriarches, le chef de tente dirige les travaux, fait les transactions; en un mot, il est seul responsable et réunit parfois plus de cinquante personnes, de

tout sexe et de tout âge, sous son autorité pater-
nelle. — Le *kaïd*, assisté du conseil municipal
(*djema*) de la tribu, fait la répartition de la terre.
— Dans les pays de montagnes, chez les Kabyles
et dans le territoire des villes, la propriété individuelle existe comme en Europe. — Elle est carac-
térisée par des constructions en pierre.

Les KABYLES, BERBÈRES ou CHAOUÏAS, habitent
les montagnes. — Cette population est sédentaire,
agricole, laborieuse, amie de l'ordre. — Leur état
social est démocratique.

Chaque famille (*dechera*) nomme un député (*dah-
man*) qui la représente au conseil de l'*areh* (tribu).
— Le conseil administre le village et perçoit les
impôts (le plus souvent en denrées).

L'*amin* est à la fois président du conseil, maire et
chef du pouvoir civil et militaire. — Nommé chaque
année par l'assemblée, il n'est réélu que s'il a sa-
tisfait ses administrés; défenseur du faible, il pré-
vient les abus et sert d'intermédiaire entre l'autorité française et la commune. — Plusieurs djemas
se réunissent en çors (confédérations) que président les *amins-el-oulemas*, chef de la djema supé-
rieure.

Quand deux çofs sont en désaccord, quand un
Kabyle se croit lésé par un çof étranger, il fait appel
aux siens; la partie adverse en fait autant, et voilà
dans la même tribu ou dans le même village deux
troupes en présence : on s'arme, la haine s'enve-
nime, on se traque dans les endroits déserts; le
sang coule. Malheur à l'imprudent voyageur qui
s'aventure alors à travers les deux camps rivaux;
si l'*anaya*, qui lui donne un caractère inviolable, ne
le protége, il payera cher son audace !

TABLE

PREMIÈRE PARTIE
HISTOIRE

DEUXIÈME PARTIE
GÉOGRAPHIE